# 여론조사, 모르면 말하지 마세요

여론조사, 모르면 말하지 마세요

**초 판** 1쇄 2023년 06월 19일

**지은이** 김헌태
**펴낸이** 류종렬

**펴낸곳** 미다스북스
**본부장** 임종익
**편집장** 이다경
**책임진행** 김가영, 신은서, 박유진, 윤가희, 정보미

**등록** 2001년 3월 21일 제2001-000040호
**주소** 서울시 마포구 양화로 133 서교타워 711호
**전화** 02) 322-7802~3
**팩스** 02) 6007-1845
**블로그** http://blog.naver.com/midasbooks
**전자주소** midasbooks@hanmail.net
**페이스북** https://www.facebook.com/midasbooks425
**인스타그램** https://www.instagram/midasbooks



ISBN 979-11-6910-262-9 03340

값 16,800원



미다스북스는 다음세대에게 필요한 지혜와 교양을 생각합니다.

전문가와 맞짱뜨는 여론조작 감정법

# 여론조사, 모르면 말하지 마세요

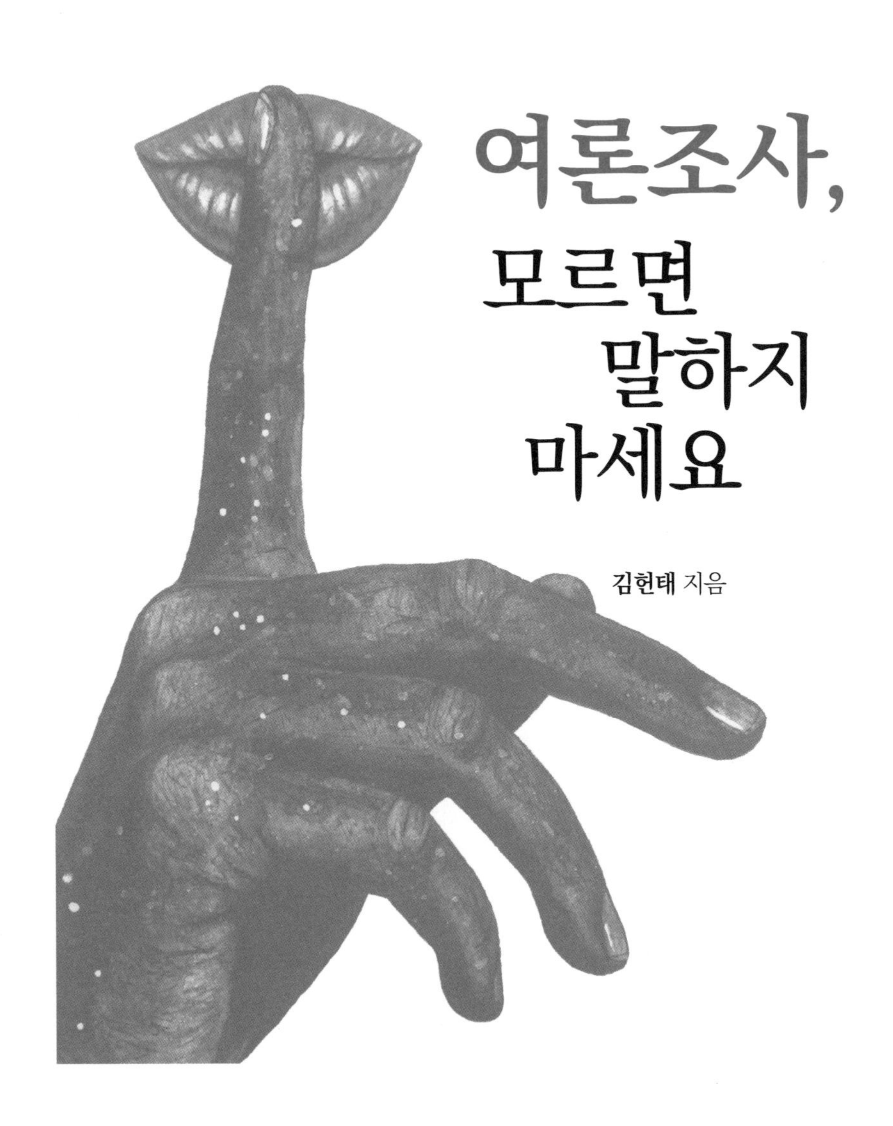

김헌태 지음

미다스북스

# 들어가며

여기저기서 매일같이 여론조사를 합니다. 말도 많고 시비가 끊이지 않습니다. 할 때마다 돈도 많이 든다면서 누가 왜 이렇게 열심히 하는 걸까요? 혹시 여론조작을 하려는 건 아닐까요? 저는 한국 정치에서 '여론'이 차지하는 비중이 워낙 커졌기 때문에 나타나는 현상이라고 생각합니다. 그리고 민주주의가 성숙한 주요 국가들이 그렇듯이 이제 우리나라도 여론조사가 국민의 여론을 보여주고 전달하는 공식적 역할을 담당합니다.

여론조사를 한다는 것은 사진을 촬영하는 것과 비슷합니다. 지도를 만드는 측량에 비유할 수도 있습니다. 다만 이렇게 모은 사진이나 기록으로 여론을 다 알 수는 없습니다. 완전할 리도 없고 오차는 있게 마련입니다. 찍는 각도에 따라 달라지기도 하고, 표면 밑의 깊숙한 여론은 포착이 어려울 수 있습니다. 무엇보다 고정되어 있지도 않고 시시각각 변하기도 합니다. 그래도 자꾸 여론조사를 해보면 여론의 윤곽과 흐름이 잡힙니다.

여론조사를 하는 목적은 최종적으로 여론의 지도를 만들기 위해서입니다. 민심의 지도가 있어야 제대로 방향을 잡고 찾아갈 수 있기 때문입니다. 다만, 지도가 여러 갈래의 길을 보여줘도 어느 길로 가야 할지를 정해주지는 않듯이 여론조사도 마찬가지입니다. 여론조사가 전하는 여론은 있는 그대로 '아 그렇구나!' 하고 보면 됩니다. 그대로 따라가라는 것이 아닙니다. 왜 이러냐고 따지는 것은 무의미한 일입니다.

무엇보다 어느 길을 갈지 정하는 것은 정치인이나 정부, 언론이 할 일입니다. 특히 투표로 선출된 대통령은 국민을 목적지까지 잘 모시고 가는 공식적 책임을 맡은 만큼, 여론을 살피고 여론을 모아내는 일을 누구보다 중요하게 생각해야 합니다. 그런 점에서 여론조사는 대통령의 내비게이션이라고 할 만합니다.

하루가 다르게 여론과 여론조사의 역할이 중요해지다 보니 국민의 여론조사에 관한 관심도 점차 커집니다. 미디어의 칼럼에서도, 또 일상 속에서 여론조사에 대해 얘기하는 분이 많아집니다. 이 책은 여론조사에 대해 늘어나는 관심에 부응하고자, 또 여론조사를 활용하려는 분들을 위해서 쓴 책입니다.

저는 과거에 여론조사기관에서 일하던 조사전문가였지만 지금은 아닙니다. 대학에서는 기초통계학을 포함한 조사방법론과 정치커뮤니케이션학 등을 한동안 강의했습니다. 그러나 이후로는 여론을 움직이기 위한 전략을 짠 후, 여론을 만들거나 바꾸는 '캠페인' 작업을 돕는 일을 했습니다. 어떤 위치에서든 여론과 여론조사를 오랜 시간 동안 다뤄왔습니다. 그러다 보니 제 경험을 활용해 여론조사와 관련 반드시 알아야 하거나, 여론을 분석하는 데 필요한 지식을 설명할 수 있는 좋은 위치에 서게 되었다고 생각합니다.

제목을 『여론조사, 모르면 말을 하지 마세요!』라고 듣기 거슬리게 정한 것은 이유가 있습니다. 제 직업상 꽤 오랜 세월 동안 많은 분들과 여론조사에 대한 얘기를 나눴습니다. 그런데 대부분 여론조사에 관한 생각이나 지식, 비판들이 부정확하거나 방향이 잘못된 경우가 많았습니다. 물론 함께 일하는 동료들이나 학자와 전문가들을 제외하면 말이죠. 국민, 또는 독자들이 참여하는 기사 밑의 댓글 게시판이나 SNS의 게시물들 역시 크게 다르지 않았습니다. 기왕 여론조사에 대해 비판을 하려면 전문가들이 정곡을 찔린 것처럼 당황해하거나 부끄러워해야 하는데 그런 정도의 지적은 거의 없었습니다. 외람되지만 여론조사에 대해 알고 하는 이야기가 아니라는 생각이 들어 대개 신경을 쓰지 않거나 대꾸도 하지 않았습니다.

물론 여론조사를 잘 모르는 게 문제는 아닙니다. 오히려 문제라면 여론조사라는 분야가 생각보다 이해하기가 어렵다는 점입니다. 누군가에게 제대로 강의를 듣거나, 책을 펴놓고 작정하고 공부를 하지 않으면 어렴풋하게라도 개념을 잡는 것 자체가 쉽지가 않습니다. 예를 들면, '모집단(population)과 모수(parameter)', '표본추출(sampling)과 오차(error)'라는 개념이 여론조사의 알파벳이자 걸음마라고 할 수 있는데 직업과 관련 없이 이런 내용을 공부할 사람은 많지 않습니다.

사실 여론조사에 대해 잘 모르는 것은 문제가 아닌데, 모르는데 잘 안다고 생각하는 것은 확실히 문제입니다. 물론 모르니까 말을 안 하면 되지만, 미디어나 소셜미디어에 나름대로 자기 관점에서의 주장을 하고 비판도 합니다. 특히 이런 상황은 '여론'의 사회적 영향이 커지면서 점점 더 심각해져 간다고 볼 수 있습니다. 이제 더 많은 사람이 여론조사 결과가 나오면 관심과 의문을 밝히게 되었고, 또 뭔가 잘못된 것처럼 느껴지면 그냥 넘어갈 수가 없게 되었습니다.

그런데 솔직히 제 생각은 대부분의 그런 이야기가 어디선가 들은 짤막

한 지식들을 짜깁기한 후, 오해와 짐작 수준의 주장을 하는 것으로 보입니다. 정치인이나 지식인의 상당수도 마찬가지입니다. 관련 전문가 외에, 일반 국민이나 정치인이 알고 있고 생각하는 수준이 그렇게까지 비슷한 경우도 드문 것 같습니다. 언론기사 등에서는 나름 유효한 지적을 위해 조사전문가들의 의견을 인용하기도 합니다. 그러나 대개 글을 쓰는 사람 스스로 여론조사에 대한 전반적인 이해가 부족하다 보니 몇 가지 부분적 문제만 건들고 나서 말끝을 흐리기 일쑤입니다. 결국 다 틀린 얘기는 아닐지라도 현실적 논의에서 별로 유용하지도 않고, 자신이 원하는 여론조사 결과가 아닌 것에 대한 화풀이 수준의 글에 머물기도 합니다.

사실 더 큰 문제가 있습니다. 그런 오해나 잘못된 정보를 고쳐주는 사람도 공간도 없다는 사실입니다. 현업에 있는 대부분의 조사전문가도 소통할 기회나 대화할 자리가 마땅치 않아 입을 다뭅니다. 자칫 밥그릇 챙긴다는 소리를 들을 수 있어 부담스럽기도 할 것입니다. 또 당장 누군가 눈앞에서 여론조사에 대한 진부한 오해를 쏟아내도 사실 대꾸하기가 참 어렵습니다. 이 책을 읽다 보면 무슨 말인지 이해하시리라 믿지만, 정말 어디서부터 설명해야 할지 난감하기 때문입니다. 칠판을 꺼내 들고 설명할 수도 없고, 두어 시간 집중강의를 할 수도 없습니다. 물론 그런 식의 지적이 매번 필요한 것도 아니고, 제 지적질에 민망해할 수도 있으니 여론조사에 대한 '엉뚱한 비판'을 들어도 한 귀로 듣고 한 귀로 흘리게 됩니다.

'너만 맞고 남의 말은 다 틀렸다고 하나?'고 따지실 수도 있습니다. 그러나 여론조사의 기초가 되는 통계학과 조사방법론이 그야말로 학술지식이고 특히 경험과학의 영역에 있다 보니 적어도 기초개념에서의 맞고 틀리는 것은 대부분 확실합니다. 이런 측면에서는 이렇고, 저런 측면에서는 저렇고 할 만한 것 자체가 많지가 않습니다. 정치적으로 의견이 갈릴만한 것도 없습니다. 저널리즘 수준에서조차 이견이 있기가 어렵습니다. 물론 첨예한 논쟁거리가 없을 리는 없는데 이것은 대개 상당히 전문적 논쟁의 영역이라서 비전문가가 토론에 참여하기는 어렵습니다.

갈수록 중요성이 커지는 여론조사에 대해 더 많은 사람이 토론하는 것은 당연히 바람직합니다. 그런데 그 토론이 오해나 잘못된 정보에 근거한 것이라면 그야말로 쓸데없는 토론이 되고 맙니다. 그런 점에서 이 책은 조사전문가들이 아닌 사람이 여론조사에 대해 알아야 할 것들을 정리한 것입니다. 제가 많은 분과 대화하면서 '이분들이 이것을 모르고 있구나.', '이것을 오해하고 있구나.'라고 속으로 생각했던 그야말로 '자주 묻는 질문(FAQ)'들에 해당하는 내용들을 정리한 것입니다.

즉 이 책은 체계적으로 여론조사를 공부하기 위한 교과서는 아니고,

여론조사를 상식이나 교양 수준에서 소개하고 설명한 것입니다. 내용을 보면, 우리나라 여론조사와 조사기관들에 대한 이야기나 단골 시빗거리들, 여론조사에 대한 토론이나 비판을 하려면 알고 있어야 할 것들, 또 여론조사가 실제 편향되고 왜곡되는 과정이나 방법들, 그리고 나아가 여론을 제대로 읽는 법 등을 담았습니다.

이렇게 말씀드리지만 전 통계학자도 아니고, 최신의 지식과 정보, 테크닉으로 무장한 현역 조사전문가도 아닙니다. 전문지식을 가진 분들이라면 몇 가지 예민한 쟁점에 대한 제 주관적 입장이나 설명에 대해 문제를 제기할 수 있습니다. 다만, 이 책에서 소개하는 내용 정도는 알고 나서 여론조사에 대한 시시비비를 시작했으면 합니다. 이 책의 내용을 전반적으로 이해하시게 되면, 여론조사에 대해 한마디 거들 수도 있고 전체 맥락을 이해한 상태에서 적절한 비판도 가능하리라 생각합니다. 또 전문가들과 가벼운 토론을 하거나 어떤 여론조사의 문제점을 찾아내 따질 수도 있는 정도의 기초지식을 가지시게 될 것으로 기대합니다.

개인적인 바람은 이 책을 읽고 나서 '나도 이제 알건 아니까 토론해 보자'는 분들이 늘어나, 더 많은 분이 여론조사 전문가들과 맞짱을 뜨셨으면 좋겠습니다. 이왕이면 제대로 말이죠.

## 목차

# 2부

## 여론조사, 진짜 아세요?

# 3부

## 여론조작, 하려면 할 수 있지요

# 4부

## 전문가처럼 여론을 읽어보세요

INTRO

# 여론조사
# '개요'만 알아도 깔 자격 있다

여론조사의 '개요'에 적힌 내용만 대략 이해해도, 여론조사에 대해 얘기하고 비판할 만한 자격은 충분하다고 생각합니다. 여론조사의 개요는 대부분 한 페이지 이내의 짧은 내용입니다, 그러나 몇 단어 안 되는 개요의 구체적 내용을 이해하기 위해서는 일정 수준 이상의 기초지식 또는 배경지식이 있어야 합니다. 대개 여론조사 보고서의 제일 앞쪽에 있는 이 개요 부분은 법으로도 정한 여론조사에 대한 필수 표기사항인 동시에, 해당 여론조사를 활용할 경우에 반드시 이해하고 있어야 하는 사용설명서의 기능이 있습니다. 반대로 개요 내용을 이해하지 못하고 여론조사에 대해 왈가왈부한다면 그야말로 '모르면서 떠든다'는 말을 들을 수밖에 없습니다. 여론조사 개요에 대한 별도의 설명은 책의 본문과도 일부 겹치니 참고하시기 바랍니다.

### ■ 조사대상 또는 모집단(population)

대개 조사개요의 첫머리에는 '조사대상'이 명시되어 있습니다. 만일 일반 국민 대상의 여론조사라면, '만 18세 이상의 성인남녀'라고 표기합니다. '전국 17개 광역시도 유권자'라고 표기해도 무방합니다. '조사대상'을 좀 더 전문적 표현으로 바꾸면 '모집단(population)'입니다. 여론조사는 '모집단'과 그 모집단이 가지는 값, 즉 '모수(parameter)'를 추정하겠다는 목적에서 시작됩니다.

즉 우리가 통상적으로 이해하는 여론조사란 4,000만이 넘는 우리 유권자 모두(즉, '모집단')에게 일일이 질문하지 않고, 그중 1,000명 안팎의 표본만으로 모집단의 값(즉, '모수')을 추정해 내는 조사방법을 말합니다. 비록 일정 수준의 오차(sampling error)는 있더라도 말입니다. 1,000명으로 4,000만 명의 생각을 읽는 것이 가능한 이유, 또는 근거는 그야말로 경험과학으로서의 통계학이 이뤄낸 위대한 업적입니다. 통계학은 근본적으로 수리나 논리의 체계가 아니라, 관찰과 실험 위에서 쌓아 올린 경험학문입니다.

■ 표본크기(sample size)

여론조사의 응답자 수, 즉 국민 여론을 알아내기 위해 도대체 몇 개의 표본을 뽑아 여론조사를 했는지 알려주는 것입니다. 학술적으로 설명하자면 '모수를 추정해내기 위해 모집단으로부터 추출된 표본의 수'가 되지만 어려우시면 그냥 건너뛰어도 됩니다. 대개 우리나라에서 유권자 전체를 대상으로 한 여론조사의 표본 수는 700~1,200개 사이가 적당합니다. 현재 '선거' 관련 여론조사에서는 전국 단위 여론조사의 표본 수를 1,000명 이상으로 정하고 있습니다. 본문 내용에서도 설명하고 있지만, 중요한 것은 인구수(즉, 모집단 값)가 몇 억이든, 반대로 몇 백만의 작은 나라도 공표되는 여론조사의 표본 수는 대개 1,000명 내외로 일정하다는 것입니다. 반대로 모집단, 즉 수십만의 적은 수의 인구를 가진 나라라 할지라도, 500표본 이하의 적은 숫자로는 여론조사를 잘 하지 않습니다. 그런 점에서 사실 국회의원 선거구나 기초단체 단위의 여론조사라고 해서 표본 수를 500개 미만으로 조사하는 것은 별로 바람직하지는 않다는 생각입니다.

다소 어렵게 들리는 학술적 설명이긴 하지만, 원칙적으로 표본크기를 결정하는 기준은 '표집오차(sampling error)'라는 것을 아울러 기억해 두시면 좋습니다. 즉 표본크기는 여론조사를 하는 목적에 비춰 '그 정도의 표집오차라면 조사목적에 부합한다'는 판단에서 이뤄지는 것입니다. 다시 말해, 어떤 여론조사(더 정확히는 '표본조사')는 더욱 적은 오차가 필요한 만큼 표본 수를 더 늘려야 하고, 또 다른 조사는 오차가 좀 더 커도 된다고 판단해 표본크기를 줄일 수 있습니다. 1,000명 안팎의 여론조사 표본 수는 딱 떨어지는 그럴듯한 숫자여서라거나, 적절한 조사비용이 들기 때문에 결정된 것이 아닙니다.

## ■ 표본추출방법(sampling method)

곧바로 예를 들어 설명하자면, 우리나라 유권자 4,000만여 명 중 1,000명을 뽑는 방법을 말합니다. 대략 4만 분의 1의 확률로 전체 유권자를 대변할 수 있는 표본을 뽑는 것이니 얼마나 중요한지 느낌이 오실 겁니다. 복잡한 학술적 개념은 빼고 대개 우리나라 여론조사에서 쓰이는 두 가지 표본추출 방법을 잘 알고 계시면 될 것 같습니다. 하나는 할당표집이고, 또 다른 하나는 무작위표집입니다. 앞의 할당표집은 비확률표집 방식 중 대표적이고, 무작위표집은 엄격한 확률표집 방식입니다.

우리나라에서는 할당표집 방식이 오랫 동안 주로 쓰였습니다. 반면 최근에는 통신사 휴대전화번호 리스트를 활용한 무작위 표집이 늘어가는 추세입니다. 이러한 추세는 크게 보면 바람직한 방향이라고 할 수 있지만, 앞으로도 더 많은 논의가 필요합니다. 전문가들끼리 토론할 문제지만, 가중값 배율 등에 대한 논의나, 비확률표집에서의 응답률이 가지는 의미를 정확히 밝히는 문제 등에 대해서도 실용적 토론이 필요하다고 볼 수 있습니다. 한 가지 짚어둘 점은 간혹 등장하는 학자, 정치인, 전문가 등 오피니언리더 집단을 대상으로 한 이른바 '전문가여론조사'는 판단표집에 의한 '비확률표집' 방식이므로 표집오차라는 개념이 있을 수 없고 제시하지도 않습니다. 즉 모든 여론조사가 표집오차를 가지는 것이 아니고, 표본추출방법이 무엇인가에 따라서 '표집오차'라는 개념이 아예 적용되지 않을 수 있습니다.

### ■ 표집오차(sampling error)

우리나라로 치면 4,000만이 넘는 유권자 모집단에서 대개 1,000명 안팎의 '표본을 추출할 때' 발생하는 오차를 말합니다. 이 표집오차는 유의수준, 또는 다른 말로 신뢰도에 따라 달라집니다. 여론조사를 소개할 때, "이 조사는 95% 신뢰수준에서 최대허용오차가…."라고 밝히는 바로 그 숫자가 신뢰도입니다. 일반적으로 국민여론조사나 사회적, 정치적 분야의 여론조사는 언제나 '95% 신뢰수준'을 쓴다는 것을 기억하시면 됩니다. 여론조사의 독자로서 꼭 주의하셔야 하는 것은 통계보고서에 적힌 모든 수치는 '읽고 계시는 그 수치가 아니라는 점'입니다. 즉 개요에 적힌 표집오차 숫자만큼의 '오차범위'를 가진 값으로 읽어야 한다는 점입니다. 예를 들어봅니다. 1,000명 여론조사에서의 '대통령지지도 40%'는 엄밀히 말하면 존재하지 않습니다. 대신 그 숫자가 알려주는 것은 43.1~36.9%라는 범위입니다. 이미 지난 수십여 년 동안 나왔던 지적이긴 하지만, 또 한 번 여기서 강조하고자 합니다. 만일 어떤 미디어의 기자나 전문가가 ±3.1%의 표집오차를 가진 여론조사인데도 불구하고, 대통령 지지도 등이 "이전 주보다 2%p 상승했다."라며 그 의미를 열심히 설명한다면 그를 '사이비'가 아닌가라고 생각하셔도 됩니다.

앞서도 짧게 설명했지만, 표집오차를 계산할 때, 모집단의 숫자는 별로 중요하지 않습니다. 물론 모집단 수가 상당히 적다면 오차계산의 공식이 달라지긴 합니다. 표집오차와 관련, 중앙선거여론조사심의위원회(www.nesdc.go.kr) 홈페이지의 정의를 참조하면 좋을 것 같습니다. "표본오차란 표본조사를 통해서 추정한 결과와 모집단 전체를 조사할 때 얻게 될 결과의 차이로서 선거여론조사에 적용된 표본추출 및 추정 방법에 따른 95% 신뢰수준에서의 최대오차의 한계를 말한다."

한편, 여론조사의 오차에는 '표집' 오차만 있는 것이 아닙니다. 즉 비표집오차, 다시 말해 여론조사의 진행 등에 있어 절차적 오류 등에 의해서도 발생합니다.

### ■ 조사방법(survey method)

조사방법이란 응답자 면접을 어떤 방법으로 진행했는지를 알려주는 것입니다. 응답자와의 '커뮤니케이션 방법'이라고 하는 것이 더 정확하기는 합니다. 대개 우리나라에서는 그 여론조사가 전화나 이메일, 또는 ARS 중 어떤 방법을 사용해 데이터를 수집했는지를 알려주는 경우가 많습니다. 만일 전화조사라면 일반 가구전화인지, 휴대폰으로 조사했는지, 아니면 병행하여 사용했는지를 표기해야 합니다. 모든 여론조사는 전화조사 아닌가라고 생각하실 수도 있습니다. 그러나 정치여론조사라 하더라도 학술적, 또는 심층적 목적의 여론조사는 간혹 대면면접(personal interview)으로 진행하는 경우도 있습니다. '조사방법'의 표기와 이해를 강조하는 이유는 어떤 조사방식을 사용했는지에 따라 표본의 구성에 일정 수준 차이가 나고 결과의 특성도 달라지기 때문입니다.

원론적으로 '조사방법'의 범주에는 모든 질문이 미리 엄격히 정해지는 정형화(즉, '구조화')된 설문지를 이용했는지, 또 애초부터 정량조사 방법인지 아니면 정성조사인지 등에 대한 설명도 포함되어야 합니다.

## ■ 응답률(response rate)과 접촉률

응답률은 여론조사를 하려고 접촉한 사람 중에 실제 응답한 사람들의 비율을 말합니다. 쉽게 말해 만 명과 통화해 최종응답을 1,000명이 했다면 응답률은 10%가 됩니다. 접촉률은 전화를 걸었는데 통화가 된 사람들의 비율입니다. 만일 10만 명에게 전화를 걸었을 때 10,000명이 전화를 받았으면 단순한 개념에서의 접촉률은 10%가 됩니다. 다만 실제 계산할 때는 전화를 받은 사람 중 애초부터 응답대상이 될 수 없는 경우, 즉 회사번호라든지 거주지역에 오류가 있거나 또 할당초과 표본에 해당되는 경우에는 빼고 값을 냅니다. 접촉률과 응답률은 조사방법에 따라서 높낮이의 특성이 달라질 수 있습니다. 요즘에 와서는 이 응답률 문제에 관심 있는 분들이 많습니다만, 본문에 자세히 설명하였지만 표집방식에 따라 응답률이 의미하는 바가 달라질 수 있는 점에 주의할 필요가 있습니다.

### ■ 가중값(weighting) 배율

여론조사를 위해 추출된 표본(구성)이 실제 주민등록상 인구통계의 비율과 맞도록 전산과정에서 '보정'하는 작업입니다. 대체로 가중값의 대상이 되는 기준은 연령별, 성별, 지역별 비율입니다. 만일 인구통계자료의 비율과 여론조사 표본에서의 비율이 서로 너무 다르면 조사품질, 즉 대표성에 문제가 생기기 때문에 하는 절차입니다.

예를 들어 봅니다. 행정안전부의 주민등록상 서울에 거주하는 30대 인구의 비율이 17%라고 하면, 표본 1,000명의 여론조사에서는 17%, 즉 170명이 잡혀야 합니다. 그러나 실제 여론조사 면접을 진행하다 보면 이 비율이 지켜지지 않고 표본(N=1,000명) 중 12%, 즉 120명 정도밖에 잡히지 않을 수가 있습니다. 이러한 경우 서울 거주 30대 '120명'의 값에 가중치를 부여해 170명으로 (1,000명 표본에서 차지하는 상대적)비율 값을 늘려주는 것이 가중치 적용입니다.

여론조사의 독자로서 머리에 넣어둬야 할 것은 개요에 표기된 '가중값'이 크면 클수록 여론조사의 품질이 떨어질 가능성이 더 생길 수 있다는 점입니다. 즉 면접을 마쳤는데, 연령이나 지역별로 원래 확보해야 하는 표본 수에 실제 사례수가 크게 못 미친다면 상당히 높은 가중치를 부여해줘야 하는데, 이 경우 조사의 품질에 문제가 발생할 수 있습니다. 그래서 현재 중앙선거여론조사심의위에서도 이러한 가중치 배율 기준을 정해 지나치게 전산을 통한 보정값이 커지지 않도록 기준을 정하고 있습니다. 본문에서 설명하고 있지만 우리나라 여론조사 현실에서는 이 가중치 값을 꼭 눈여겨볼 필요가 있습니다.

## ■ 조사기간(timing)

여론조사 면접(즉 '실사' 작업)을 실시한 일자 또는 기간 등을 표시한 것입니다. 본문에서도 설명하고 있지만, 전문가들은 만일 어떤 여론조사 결과가 이상하면 언제 조사했는지부터 확인할 정도로 조사기간은 중요합니다. 사람들마다 요일별, 그리고 같은 날이라도 시간대별로 라이프스타일이 다르기 때문입니다. 즉 나이 많은 분들이 대답하기 좋은 시간이 있고 젊은 사람들이 대답하기 좋은 때가 다릅니다. 또 직업별로도 직장인이 전화 받기 좋은 때가 있고, 자영업자들이 편하게 전화 받을 수 있는 시간이 다를 수도 있습니다.

요일별로도 마찬가지입니다. 문제는 연령별, 직업별로 정치적 성향이 다른 경우, 여론조사의 결과 자체가 보수적, 진보적으로 편향될 수도 있습니다. 한편, 일반적으로 여론조사는 이삼 일 이내에 끝마친다는 점도 알고 계셔야 합니다. 여론조사 기간이 길어지면 그동안 특정한 사건이 발생해 그 앞의 조사 자료들과는 값이 달라져 문제가 생길 수 있기 때문입니다. 그래서 통상 3일 이상 여론조사를 하는 경우는 드뭅니다. 대신, 하루 만에 여론조사를 끝낼 때는 아침부터 저녁까지 전체 시간대를 아우르고 있는지도 살펴봐야 합니다.

### ■ 조사기관과 조사의뢰자

여론조사를 읽을 때 조사의뢰자와 조사기관이 다르다는 점을 잘 이해하셔야 합니다. 즉 조사의뢰자는 여론조사를 의뢰하고 돈을 지불한 주체입니다. 언론매체인 경우도 많고 그 밖에 정부기관이나 정당 등일 수도 있습니다. 조사기관은 잘 아시다시피 여론조사를 수행한 회사를 말합니다.

여론조사를 읽는 독자로서 알아두어야 할 점은 조사의뢰자의 성향에 따라 편향된 여론조사 결과가 나타난다는 시비가 간혹 있다는 것입니다.

사실 어떤 여론조사를 볼 때 전문가들도 누가 조사의뢰자인지, 그야말로 누가 돈을 냈는지(sponser)를 확인할 필요가 있습니다.

반면, 여론조사기관이 직접 돈을 들여 조사하고 여론조사 결과를 공표하는 경우도 있습니다. 공익적 서비스인 경우도 있고 이를 통해 일정 수준 수익을 내기도 합니다. 여론조사기관의 공신력과 관련, 한국조사협회(ikora.or.kr) 홈페이지 회원사 명단, 또는 중앙선거여론조사심의원회(www.nesdc.go.kr) 홈페이지 등을 참고할 수 있습니다. 만일 이 두 리스트에 모두 없는 회사라면 주의해서 그 결과를 참고하거나, 인용할 필요가 있습니다.

## ■ 그 밖에 알아둘 만한 것들

앞서 조사개요의 각 항목에 대해 설명을 했습니다만, 여론조사와 관련된 기사 등을 자세히 보다 보면, 비교적 자주 언급되는 알아둘 만한 개념들에 대해 추가로 설명해 드립니다.

### – 이동평균(moving average) 방식

이동평균방식은 쉽게 말해 매일 일정한 개수의 표본조사를 하고 이것을 합산해서 결과를 발표하는 조사설계 방식입니다. 영어표기는 'rolling average'라고 되어있을 수도 있습니다. 예를 들어 일일 300개

표본씩 3일 동안 매일 조사해 표본 수 '900명'의 여론조사 결과를 공표하는 것입니다. 4일째 공표할 때부터는 제일 첫째 날 조사한 300명은 버리고, 새롭게 조사한 표본 300명을 대신 추가합니다. 이런 식으로 매일 매일 일정 표본을 추가해 합산하고, 앞서 조사했던 표본은 버리면서 전체 표본 수를 일정하게 유지하면서 결과를 산출하면 그야말로 '측정값'('평균값')이 이동하게 되는 것입니다.

우리나라에서도 활용된 지 오래된, 익숙한 조사설계입니다. 주로 공표용 정기지표조사에서도 많이 쓰이고, 또 선거 때 유권자 흐름을 일일별로 동향을 살피고자 할 때 곧잘 활용됩니다. 장점은 상대적으로 적은 비용으로 안정된 결과를 얻을 수 있어 트렌드를 추적하기가 용이하다는 점입니다. 반면, 오히려 이 같은 합산방식은 여론의 '급변'을 포착하기 어렵다는 문제가 있습니다. 또 표집오차를 계산하는 과정에 이론적 논란이 생길 수도 있습니다.

### – 패널(panel) 서베이 방식

패널 서베이 방식 역시 조사설계의 또 다른 유형이라 말할 수 있습니다. 동일한 고정응답자로 구성된 패널을 구축해 주기적으로 이들을 대상으로 조사를 실시하는 것입니다. 일반 사람들에게 가장 친숙한 패널 서베이 방식의 사례는 바로 '시청률' 조사입니다. 즉 시청률 조사는 대개 '시청패널'을 만들어 이들의 시청행태의 변화를 기술적으로 추적합니다.

이 방식의 가장 큰 장점은 개인별 태도나 행동변화를 추적할 수 있기 때문에 그야말로 매우 높은 가치의 조사 데이터를 얻게 된다는 것입니다. 예를 들면 지상파 중심으로 시청하던 어떤 사람이 케이블 등을 포함한 플랫폼 방송시청으로 시청패턴이 변하기 시작하는 것을 추적할 수 있습니다. 이때 그 시청자의 인구사회적 특성을 파악할 수 있으므로, 도대체 어떤 라이프 스타일을 가진 사람부터 새로운 시청행태를 보이는지를 추적할 수 있습니다.

같은 방식을 정치조사에도 활용할 수 있습니다. 즉 특정 정당의 지지자가 지지정당을 바꾸는 경로나 이유, 또 지지를 바꾸는 유권자의 인구사회적 특성 등을 정밀하게 분석할 수 있게 됩니다. 얼핏 보면 똑같은 사람들한테 조사를 하는 것이니 쉽기도 하고 객관성에도 문제가 있는 것 아닌가 하는 생각도 들 수 있습니다. 그러나 패널조사는 그 운영과 관리는 물론, 분석 프로그램 사용 등에서 고비용이 드는 난도 높은 고급조사 방식입니다. 유럽 등에서는 일찍부터 패널조사를 정치분석 등에 활용해 왔습니다만 우리나라에서는 비용과 기술적 측면에서 아직 활용이 더딘 실정입니다.

전문가와 맞짱뜨는 여론조작 감정법

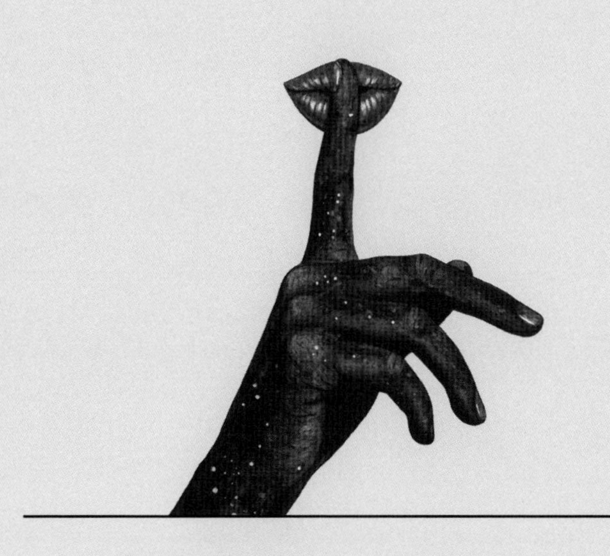

# 우리나라 여론조사 괜찮은가요?

# 1. 대통령들도 못 믿는다는 여론조사

## 여론조사, 안 믿을 수는 없다!

역대 대통령들이 여론조사 지지도를 붙들고 씨름을 한 것은 하루이틀 일이 아닙니다. 또 문제는 대통령들부터도 여론조사를 다 믿지 못합니다. 지지도가 낮아지면 대통령마다 "여론조사 결과에 연연하지 않겠다"는 말을 하는 통에 이제 누가 그런 말을 했는지가 별 의미가 없는 정도입니다. 취임식 때 "국민을 떠받들겠다"던 대통령들의 연설이 아직 국민들의 귓가에 쟁쟁한데 말입니다.

사실 지지도가 올라가면 대통령으로서는 숨어서 춤을 덩실덩실 출 정도로 즐거워하게 마련입니다. 투표로 선출되는 민주주의 국가의 지도자들이 여론조사 상의 지지도에 신경을 쓰는 것은 우리나라만의 일은 아닙니다. 최근에는 아예 전 세계 주요국가 지도자들의 지지도를 함께 조사해 공표하는 사이트(https://morningconsult.com/global-leader-approval)까지 등장했습니다.

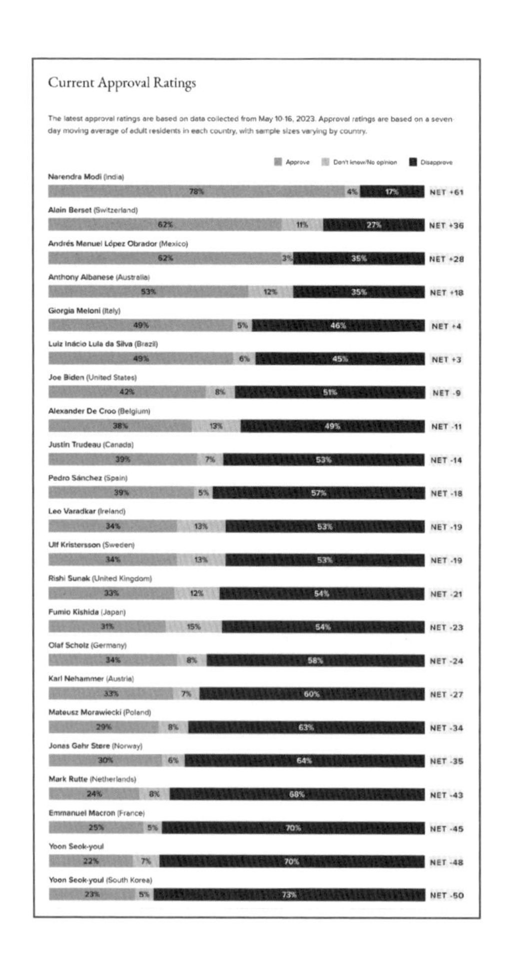

세계 주요국의 국가지도자 직무평가를 정기적으로 발표하는 미국 모닝컨설턴트사의 홈페이지 자료화면입니다. 온라인 서베이이며, 7일 주기 이동평균(moving average) 방식의 조사를 진행합니다. 표본크기는 국가마다 다르며, 표집오차는 1~4% 사이에 있다고 밝히고 있습니다. 사후적으로 연령·지역·성별 가중치 배율을 적용하고 있습니다. 응답률이나 접촉률 등을 따로 표기하고 있지 않습니다. 2014년 설립된 이후 뉴욕타임즈와 폴리티코닷컴 등 미국의 유명 언론매체에 서베이 자료를 공급하는 등 공신력을 꾸준히 확보해 왔습니다. 몇 가지 용어나 설명이 낯설고 어렵게 느껴지시겠지만 이 책을 읽고 나면 어느 정도 이해하실 수 있을 것입니다.

대통령이 여론조사에 연연하지 않을 방법은 없습니다. 민주국가에서는 대통령이라고 무소불위가 아니므로 지지도가 낮으면 일하기가 쉽지 않습니다. 누가 감히 귀하고 높은 양반을 건드리냐고 할 수도 있겠지만 현실은 그리 만만치 않습니다. 야당은 물론 언론, 나아가 사회 각계각층, 남녀노소가 소셜미디어까지 이용해 대통령을 비판하고 나서면 모른 척하며 버틸 재간이 없습니다.

게다가 중요한 선거까지 앞두고 있다면 대통령 지지도가 가지는 의미는 더욱 커집니다. 무엇보다 견제와 균형의 메커니즘이 작동하는 현대 민주주의에서 다른 선거에서 패배하면 대통령의 영향력이 약해집니다. 그래서 여론조사 전문가들은 대통령의 '여론에 연연하지 않겠다'는 말 그 자체를 아예 레임덕의 신호로 보기도 하는 것입니다. 아시다시피 대통령이 속한 여당이라 할지라도 대통령지지도가 너무 낮으면, 대통령을 비판하는 것은 물론 때로는 탈당까지 시킨 적이 있습니다. 그야말로 손절매

하는 것이죠. 한마디로 현대 민주주의 제도가 정착된 다른 나라처럼 우리나라 대통령 역시 지지도는 매우 중요합니다. 사실 대통령이 높은 지지도를 유지하게 되면 비판여론의 화살을 막는 방패를 손에 쥐는 격이라 '정치적 통제력'은 강해집니다. 생생하게 표현하자면 '까방권'을 얻는 것이죠.

## 수십 년 동안 커진 여론조사의 영향력, 무시할 수 없다

그렇다면 '대통령이 허구한 날 국민 눈치만 보면서 반드시 해야 할 일을 하지 말아야 하느냐?'고 반문하는 분이 계십니다. 그런 얘기가 아닙니다. 대통령이 무엇인가를 하려 할 때는 국민에게 '이게 옳은 일'이라는 것을 설득하고 자발적 동의를 얻어내는 것이 중요하다는 것입니다. 그러나 결과적으로 설득에 실패하거나, 또 설득할 능력도 없고 가능성까지 희박하다면 밀어붙이지 않는 편이 대통령 자신과 국민 모두에게 이롭다는 얘기이죠. 이처럼 여론조사는 대통령에게 길을 안내하는 내비게이션의 역할을 한다고도 말할 수 있습니다.

사실 옳은 일이든 틀린 일이든 국민이 원하지 않은 일을 하는 것은 그 자체로 '독재'라 말씀드리고 싶습니다. 자칫 국민이 원하지 않는 일을 밀어붙이면 대규모 시위 같은 집단적이고 물리적인 저항을 불러올 수도 있습니다. 우리나라의 민주주의가 이른바 '대중봉기'의 과정을 거치며 빠른 속도로 성숙해온 것도 사실입니다. 막상 '봉기'라고 불리는 극단적 여론 상태, 또는 '항쟁'에 준하는 상황이 만들어지면 지도자가 선택할 수 있는 길이 많지 않습니다. 당장 강경하게 진압을 하든, 한 발 물러서든 모두 나쁜 결과를 초래할 수 있습니다. 그런 점에서 대통령이 '여론'을 살피면서 미리부터 쉼 없이 지지도를 유지하고 관리하는 것은 정말 중요한 일입니다.

여론조사의 영향력은 지난 수십 년 동안 점점 더 커져 왔습니다. 이제 여론조사는 우리 국민의 '여론'을 보여주고 전달하는 공식적 기능을 담당합니다. 이미 대통령을 포함한 주요 정치인들이 지지도를 유지하는 데 안간힘을 쓰는 것은 물론, 주요한 정책에 대한 여론도 국정운영에 상당한 영향을 주고 있습니다. 민생과 직접 관련된 정책은 더욱 말할 것도 없습니다.

게다가 이른바 SNS 등을 통해 디지털 여론공간이 만들어지고 활성화되면서 그 영역도 확장되었습니다. 즉 단순히 정치나 정부만이 아니라 기업이나 널리 알려진 공인이나 유명 인사조차 이제 대중여론에 직접적 영향을 받습니다. '재벌'이라고 불리는 대기업집단의 총수, 회장님들 역시 마찬가지입니다. 불법 또는 비리경영에 의한 처벌과 사면은 물론, 무리한 행동을 한 것이 알려지게 되면 그야말로 '갑질' 논란이 만들어지고, 결국 여론조사 문항에까지 올라 평가를 받기도 합니다.

이제 선출된 공적 권력뿐만 아니라 사회 모든 분야의 '최상위 권력'들에 대한 여론의 영향력은 점점 더 커집니다. 누구나 느끼듯이 말입니다. 그러다 보니 여론 전달의 기능을 대표적으로 떠맡고 있는 여론조사 자체의 문제점에 대해 주목하게 되고, 또 조사기관의 공신력에 대해 따지는 분위기가 만들어졌습니다. 이러한 분위기 속에서 선거와 정치 관련 여론조사에 대해 정부가 직접 심의하고 규제하기 위한 선거관리위원회 산하 '중앙선거여론조사심의위(www.nesdc.go.kr)'가 만들어졌습니다.

## 천기누설: 여론조사의 최고봉, 방송사 출구조사

선거예측조사(election night forecast)는 선거결과를 궁금해하는 국민에게 미리 결과의 향방을 알려주기 위한 여론조사입니다. 예측결과는 주로 방송사가 투표시간이 마감된 직후에 공표합니다. 민주주의 국가에서는 선거결과에 대한 관심이 워낙 크고, 당연히 선거방송의 시청률도 높습니다. 따라서 최종개표 이전에 한시라도 빨리 선거의 윤곽을 전달하는 선거예측조사는 선거방송의 여러 아이템 중에서도 꽃이라 말할 수 있습니다.

선거예측 여론조사가 정말 특별한 이유 중 하나는 바로 다음 날 즈음이면 맞았는지, 틀렸는지가 확인된다는 것입니다. 여론조사기관 입장에서는 전 국민 앞에서 시험을 보는 것과 다를 바가 없습니다. 회사의 매출이라는 측면에서도 중요하고, 브랜드 평판과 자존심을 지키기 위해 조사기관은 그야말로 혼신의 힘을 다합니다. 조사설계와 분석 노하우, 현장실사능력까지 거의 모든 측면에 대해 종합적으로, 또 무엇보다 공개적으로 평가받는 만큼 선거예측은 여론조사 분야의 최고의 시험대라고도 할 수 있습니다.

선거예측조사에 있어 가장 대표적인 것은 '출구조사(exit poll)'입니다. 사실 출구조사는 다양한 선거예측 조사 방식 중 하나일 뿐이지만, 가장 정확도가 높은 기법으로 인식되고 있고, 또 현장에 면접원이 배치되는 등 이벤트 효과도 만만치 않아 이제는 선거예측하면 출구조사를 떠올리는 것 같습니다. 일단 여기서는 '전화' 등을 활용한 다른 선거예측 방식에 대한 설명은 생략하고, 출구조사에 대해서만 설명을 드리겠습니다. 다만, 조사기관마다 나름대로 특징이 다르고, 투표제도나 선거상황에 따라 매번 조사설계가 약간씩 달라지므로 표준방식이 정해진 것은 아니라는 점은 염두에 두셔야 합니다. 출구조사의 진행과정을 대략 아시고 나면, 여론조사 전반에 대한 이해도 한층 더 깊어지실 것입니다.

### (1) 조사기관 선정 등 사전준비

선거예측은 대개 반년 전부터 미리 준비를 시작합니다. 선거예측은 다른 여론조사와는 달리 상대적으로 오랜 사전준비가 필요하기 때문입니다. 방송사 측은 예산을 확정하고 조사기관을 선정하는 절차를 밟게 됩니다. 조사기관은 정확한 예측을 해내기 위한 자신들만의 특장점을 내세우면서 제안서를 작성하고 발표합니다. 이때 선정기준은 무엇보다 실력과 실적이 우선입니다. 어지간해서는 연줄이나 명성도 통하지 않습니다. 특히 제안서를 내고 조사기관이 선정되는 이 단계에서 예측조사의 방식,

즉 '출구조사'를 할지 여부도 결정됩니다.

### (2) 출구조사 지역 결정하기

출구조사를 하기로 결정된 경우 이제 좀 더 구체적인 조사설계 및 준비가 필요합니다. 제안서에 이미 기초적 조사설계가 담기기는 하지만, 대개 그것은 분석모형이나 실행의 원칙 또는 가이드라인에 가깝습니다, 선정된 조사기관이 준비과정에 돌입하면 실제 선거상황에 맞춰 구체적 세부설계를 추가로 해야만 합니다. 그중 대표적인 것이 선거구별 조사방법을 결정하는 것입니다. 선거구별로 조사설계가 달라지는 이유는 자원의 효율적 배분 때문입니다. 특히 광역단체장 또는 국회의원 선거의 경우, 예측결과를 내놓아야 하는 선거구가 많아 이 같은 자원의 효율적 배분과정이 필요합니다. 경쟁이 치열한 곳, 즉 경합도가 높은 지역은 출구조사를 하고, 상대적으로 예측이 쉽다고 판단되는 지역은 전화조사로 하는 식으로 설계합니다. 지역구별로 어떤 조사설계를 할지 결정하는 '경합도' 판정은 판세분석용 여론조사, 즉 대개 선거일 기준 한 두 달 전부터 주로 전화조사로 이뤄집니다.

예를 들자면 지방선거는 전국 17개 광역시도단체장 선거 중 가장 경쟁이 치열한 5곳만 출구조사를 하기로 할 수 있습니다. 또 총선이라면

250개가 넘는 국회의원 지역구 중 30곳만 출구조사를 하고 나머지는 전화조사로 결과를 예측할 것을 결정하게 됩니다. 참고로 같은 전화조사 예측이라도 설계가 달라질 수 있습니다. 전화조사를 실시하기로 결정한 지역 중에서도 예측이 어렵다고 판단되는 지역은 표집오차를 줄이기 위해 '표본수'를 좀 더 늘리기도 합니다. 또 조사시점에 따라 투표일 이전에 실시하는 '사전' 여론조사가 있고, 당일 투표를 마친 유권자를 대상으로 한 '사후' 여론조사도 있습니다.

어쨌든 모든 지역 또는 선거구를 출구조사로 예측하면 좋겠지만, 비용은 물론 준비도 만만치 않아 주어진 예산에서 꼭 필요한 곳만 출구조사를 실시하는 판단을 하게 됩니다.

### (3) 현장조사 사전준비

앞서도 말씀드렸지만, 출구조사는 비용이 많이 들고 준비과정도 복잡해 이것을 실제 현장에서 진행하는 것이 만만치 않습니다. 대개 큰 원칙과 기준은 미리 정해지지만 현장에 맞춘 실행계획을 수립해야 합니다. 이때 큰 원칙이란 '각 선거구별 몇 개의 투표소에서 면접을 수행할지', 또 '면접원은 각각 몇 명을 배치할지' 등을 말합니다.

면접문항이나, 응답수집 또는 집계 방식(이동통신기기 활용 등) 자체는 미리 정해져 있지만, 현장에서의 원활한 면접진행을 위한 준비는 별도로 챙겨야 합니다.

구체적 현장조사 계획도 필요한데, 즉 면접원을 배치할 '투표소'를 결정하는 것이 대표적입니다. 대개 한 선거구에 수십 개에 달하는 투표소가 있고, 모든 투표소에서 조사를 진행할 수는 없으니 그중 몇 곳만 선정해야 합니다. 이 투표소 선정작업은 출구조사 설계에서 상당히 중요한 부분이며, 조사기관 나름의 경험과 노하우를 통해 최종결정합니다.

아울러 투표소에서의 면접진행 가이드라인도 꼼꼼히 정해야 합니다. 투표해 본 분들은 잘 아시듯이, 원래 투표소는 학교나 동사무소 등 서로 용도가 다른 시설이며 구조도 다릅니다. 따라서 해당 투표소의 어느 지점에 면접원을 배치할지, 또 응답자가 응답을 거절할 경우에 따른 대처 요령(대체 응답자 선정 등)및 동선까지 꼼꼼히 챙겨 정해야 합니다.

### (4) 출구조사 진행하기

'면접조사원'은 출구조사 진행에 있어 가장 중요한 역할을 합니다. 조사기관은 자체 인력만으로는 한계가 있으므로, 선거일 한참 전부터 이들을 모집하고 미리 교육합니다. 현장 면접원이 얼마나 면접조사를 제대로 성실히 진행했느냐가 전체 예측의 성패와 직결될 수 있습니다. 본문에서도 설명했듯이 출구조사의 면접은 대개 엄격한 '무작위표집'으로 이뤄지기 때문에 숙련된 면접원이 조사설계대로 무작위 규칙을 지키고 응답률을 높이기 위해 최선을 다함으로써 예측치의 정확도가 달라집니다. 또한 응답거절자가 생기면 다른 대체 응답자에게 제대로 응답을 받아내는 것 역시 이들 면접조사원의 숙련도와 성실도에 따라 달리게 됩니다.

대개 선거 당일 투표가 개시되면 면접원들은 정해진 기준과 원칙에 따라 면접을 시작하며, '조사' 마감시간까지 조사를 진행합니다. 다만, 이때 발생하는 하나의 문제는 '투표' 마감 시간보다 앞당겨서 조사를 마감하는 문제입니다. 즉 예측조사 결과를 제 시간에 공표하려면 투표 마감 시간보다 적어도 한 두 시간 이전에는 면접을 마감해야 합니다. 이렇게 되면 여론조사 면접중단 이후 투표마감 시간까지 투표를 한 유권자들을 모두 놓치게 됩니다. 특히 과거 사전투표가 없던 시기에 젊은 유권자들이 늦은 시간에 투표하러 나오는 경향이 있어 이 부분을 어떻게 보완할지가 중요한 문제가 되기도 했습니다.

### (5) 최종집계 및 결과분석

다음은 조사된 결과를 종합 집계하고 결과에 대한 분석 및 사후 보정작업을 해야 합니다. 대개 선거예측에서는 면접을 통해 집계된 조사결과를 곧바로 공표하는 것이 아닙니다. 필요한 경우, 전산과정에서 보정 또는 보완작업이 이뤄집니다. 면접과정 또는 표본구성에 있어 '체계적 누락' 등의 문제가 있는 부분을 사후적으로 보완하는 작업이 필요합니다. 특히 최근 사후 보정작업이 더 중요해진 것은 '사전투표'의 활성화 때문입니다.

선거일에 앞서 이뤄지는 사전투표의 경우, 당일 출구조사에서 면접이 불가능하므로 예측에 있어 상당한 문제가 발생할 수 있습니다. 특히 사전투표를 하는 유권자와 당일 투표하는 유권자의 특성이 체계적으로 다르다면 정말 문제가 됩니다. 예를 들어 사전투표의 경우, 공휴일인 선거당일에 어디론가 놀러 가려는 젊은층들이 많이 활용하는 경향이 있을 수 있습니다. 이 경우, 선거당일 투표에서 상대적으로 고연령층의 비율이 높아져 당일 출구조사만으로는 결과가 편향될 수 있습니다. 참고로 이러한 가정은 젊은층과 고연령층의 정치적 성향, 또는 투표특성이 다르다는 전제에서 이뤄집니다.

앞서 설명드렸듯이 과거에는 면접마감 시간부터 투표종료 시간까지의 한 두 시간 동안 투표를 한 유권자, 또는 현장에서 응답을 거절한 사람들에 대한 보정이 필요한지를 판단하는 수준이었습니다. 만일 전체 투표자 중 이런 사람들의 비율이 크지 않고, 또 현장에서 체계적 응답거절의 편향성이 확인되지 않는다면 반드시 보정절차가 필요한 것은 아니었습니다. 그러나 최근 사전투표율이 높아지면서 이들 사전투표자의 투표를 최종 예측결과에 반영되도록 반드시 조사결과를 보정해야 하는 문제가 생기게 됩니다. 약간 깊게 들어갑니다만, 이러한 보정작업을 위해서는 전체 투표자 중 사전투표자와 당일투표자의 비율을 먼저 분석 및 추정해야 합니다. 그리고 사전투표자는 전화조사를 통해, 당일투표자는 출구조사를 통해 각각 결과를 얻은 후, 앞서 말씀드린 비율에 따라 결과를 반영하여 최종계산해야 합니다. 전문가들이 진행하는 다소 복잡한 과정이니 견학한다 생각하시며 읽으시면 좋을 것 같습니다.

### (6) 최종예측결과 보고 및 공표

사후 보정작업 등을 거쳐 최종 출구조사 결과가 나오게 되면 이것을 조사기관이 방송사 쪽에 전달하게 됩니다. 이때는 출구조사만이 아닌 전화조사 등으로 예측한 모든 선거구 또는 지역을 종합분석해 전체 선거결과를 전달합니다. 대개 지역마다 다른 조사설계를 가지므로 이에 대한 정보 및 표집오차 등을 함께 표기하여 전달해야 합니다. 광역단체장 선거나 국회의원 선거의 경우에는 전체 선거예측 결과를 표집오차를 감안해 최종당선자 예측, 즉 정당별 당선자수 또는 정당별 의석분포 등을 정리해야 합니다. 이때 특정 선거구에서 표집오차 내의 초박빙 예측결과가 나왔다면, 해당 지역 또는 선거구는 '경합' 등으로 분류하여 구체적 당선자 예측을 하지 않게 됩니다.

일단 출구조사의 주요한 과정을 중심으로 간략히 소개드렸습니다. 선거예측을 수행하기 위해서는 진행의 모든 단계에서 경험에 바탕한 노하우, 또는 기술적 판단이 필요합니다. 이처럼 복잡한 조사 및 분석과정을 통해 계산된 최종결과가 방송사에 의해 정해진 시간에 공표됩니다. 참고로 이후 방송사와 조사기관은 개표진행 상황을 지켜보면서 '당선확정 선언(call)'을 어느 시점에 할지를 결정하는 작업을 함께하기도 합니다. 즉 시청자들이 TV화면에서 보는 '당선확정'의 딱지는 방송국이 대충 상황을 보고 임의로 판단해 붙이는 것이 아닙니다. 통계적으로 나머지 미개표 부분이 현재의 우열 상황을 뒤집기 어렵다고 계산될 때 '확정'으로 분류되어 발표되는 것입니다.

우리나라의 출구조사는 1990년대부터 시작되었다고 볼 수 있습니다. 초기에는 출구조사라 해도 예측결과가 반드시 좋은 것만은 아니었습니다. 그러나 이후 90년대 후반부터 조사기관들의 경험이 쌓이고, 회사에 따라서는 외국의 출구조사 기법을 도입하기도 했습니다. 당시 지상파 방송사 각 사들 역시 경쟁적으로 선거예측을 하면서 출구조사를 본격적으로 도입하였습니다. 특히 주요선거(제3회 지방선거, 8.8 재보궐 선거, 16대 대선 등)가 연달았던 2002년에는 각 방송사들이 선거예측의 정확도를 높이기 위해 세 번의 선거 모두에 전면적으로 출구조사를 도입해 활용했습니다. 다만 이후 선거예측방송의 비용부담이 커지면서 방송사들은 소모적 경쟁을 줄이고, 대신 될 수 있으면 공동 여론조사를 하는 방향으로 나아갔습니다. 이러한 흐름 속에서 우리나라도 미국처럼(National Election Pool: NEP) 지상파 방송과 방송협회 등이 주관하는 공동예측조사(방송사공동예측조사위원회: KEP)가 시작되었습니다. 최근에는 지상파 중심의 선거예측만이 아닌 종합편성 채널이나 YTN 등 뉴스전문 채널에서 많은 비용이 드는 출구조사 대신 대안적 조사설계를 활용해 선거예측을 수행하는 경우도 늘어나고 있습니다.

한편, 미국의 경우 대통령 선거 예측실패가 큰 사회적 파장을 낳기도 했습니다. NEP가 주도하는 미국의 출구조사는 2016년(공화당 '도널드 트럼프' 대 민주당 '힐러리 클린턴' 후보), 그리고 2000년(공화당 '조지 부시' 후보와 민주당 '엘 고어' 후보) 대선결과 예측이 빗나갔습니다. 다만 실패한 두 번의 선거예측에는 하나의 공통점이 있는데, 즉 민주당 대선 후보가 유권자 득표율에서 앞섰지만, 선거인단 방식을 통해 결정된 최종 대선결과에서 공화당 후보가 승리한 것입니다. 여론조사를 통한 유권자 차원의 득표율 예측은 맞았는데, 당선자 예측은 틀린 셈입니다. 미국만의 독특한 대통령 선출방식은 미국의 선거예측을 틀리게 만드는 구조적 요인 중 하나입니다.

조사전문가에게 선거예측은 목숨을 건 진검승부입니다. 과장하기 위한 비유가 아닙니다. 예측이 잘못되면 방송사는 국민에게 사과를 해야 하며, 조사기관은 응분의 책임을 져야 합니다. 온갖 비난을 감수하는 것은 물론 금전적 책임도 따릅니다. 만일 국회의원 선거라면 한 곳 틀릴 때마다 천만 원씩 배상하는 식입니다. 당연히 예측에 실패한 조사기관의 프로젝트 책임자는 개인으로서 감당하기 힘들 정도의 '호된 대가'를 치르게 됩니다. 때로는 예측실패가 조사전문가 생활을 중단시킬 수도 있습니다. 반대로 선거예측에 성공한다면 그 성취감과 기쁨은 평생 기억할 만큼 큽니다. 예측성공에 따른 승진이나 보너스 역시 빠질 수 없는 뿌듯한 보상이기도 합니다.

# 2. 여론조사는 언제나 시시비비 중

## 언제나 따라 붙는 정확성에 대한 문제

현재 여론조사는 우리 사회의 여론을 전달하는 공식적 기능을 담당하게 되었습니다. 이런 상황까지 오는 동안 시시비비가 끊이지 않았습니다. 물론 여론조사를 둘러싼 논란은 지금도 계속되고 있고 대통령마다 여론조사에 대한 비판을 하는 등 당분간 시비가 줄어들 것 같지도 않습니다.

여론조사에 대한 시비는 각양각색입니다. 그중에서도 가장 오래된, 또 빈번히 문제가 되었던 것은 바로 '정확성'입니다. 여론조사 정확도에 대한 시비는 대체로 방송사의 선거예측조사, 또는 출구조사를 둘러싸고 자주 일어났습니다. 다만 근래에 와서는 이러한 시비가 많이 줄어드는 추세입니다. 실제 2002년 이후 주요 방송사의 '대선예측'이 틀린 경우는 거의 없었습니다. 당장 지난 2022년 대선에서 1, 2위 후보 간의 격차가 1% 이내였음에도 불구하고 이것을 정확히 예측해 많은 사람을 놀라게 했습니다.

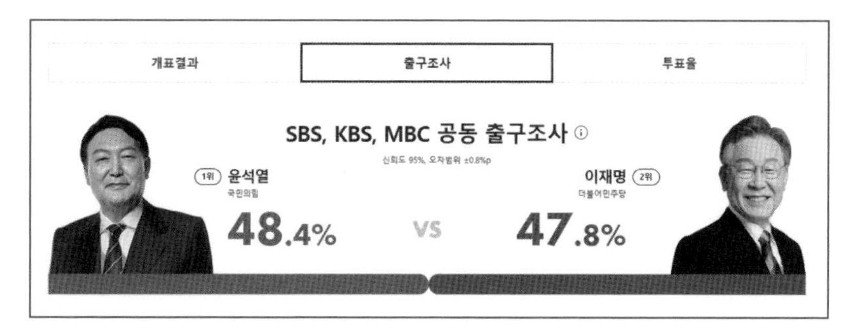


박빙의 차이로 승패가 갈린 2022년 20대 대통령 선거에서 지상파 3사는 오차범위 이내에서 정확히 결과를 예측했습니다. '사전투표'를 예측에 반영하는 것이 최대 난제였지만 사전 전화조사 등을 통한 기술적 보정작업 및 선관위가 제공한 인구통계 자료 등을 잘 활용하여 정확한 예측에 성공하였습니다. 조사기관들은 대개 선거예측을 위해 자신들이 오랫동안 쌓아온 경험적 자료와 노하우를 총동원해 복잡한 예측모형을 설계해 냅니다. (자료출처=SBS)

현재 지상파 방송사, 방송협회 등이 '방송사공동예측조사위원회(KEP)'를 통해 공동으로 진행하고 있는 우리나라의 선거예측조사는 상당히 높은 정확도를 보여주고 있습니다. 당장 여론조사의 종주국이라고 말할 수 있는 미국만 해도 최근까지 대선결과 예측에 실패해 꽤 물의를 빚었습니다. 선거 시스템이 다른 나라와 비교하여 '누가 더 실력이 있느니' 하는 접근방식이 썩 바람직한 것은 아니지만, 어쨌든 우리나라 여론조사기관들의 실력은 여타 선진국 수준으로 올라와 있다고 말할 수 있습니다.

다만, 출구조사 또는 선거예측의 정확도가 각급 선거마다 다른 것은 사실입니다. 대개 일반적 시각에서 말하자면, 여론조사의 정확도가 대통령 선거, 지방선거 광역단체장 선거, 그리고 국회의원 선거 순으로 나타나게 됩니다. 즉 맞춰야 하는 예측치가 많을수록 아무래도 정확도가 떨어진다고도 말할 수 있습니다.

여론조사가 정확도 면에서 곧잘 체면을 구기는 것은 특히 국회의원 선거에서입니다. 250여개가 넘는 많은 선거구의 결과를 예측하다 보니 아무래도 완벽한 예측이 어렵게 마련입니다. 경우에 따라 다르기는 했지만, 사실 지역구 전체 개수에 대한 예측률을 보면 대개 95% 전후로 낮은 것도 아닙니다. 즉 총선 출구조사의 예측률이 낮지 않음에도 불구하고 문제가 되는 것은 한쪽으로 편향된 예측, 즉 예측의 쏠림현상 때문입니다. 즉 총선에서는 의석수의 분포, 즉 정당별 의석수를 예측하려다 보니 한 곳을 틀려도 '두 배'로 틀리는 것처럼 나타나게 됩니다.

약간 복잡하게 들리실 테니, 예를 들어 설명 드리겠습니다. 어떤 총선에서 최종 투표집계가 끝나고 보니, 예측조사가 250곳 중 5곳을 틀렸다고 칩니다. 이때 쏠림현상이란 틀린 다섯 곳 모두가 출구조사에서는 보수 A정당이 이긴다고 예측했는데, 실제 최종집계 결과를 보면 진보 B당이 이긴 것으로 나타나는 것입니다. 즉 진보정당이 모두 이겼는데도 불구하고 예측은 보수정당이 모두 이긴 것처럼 쏠려서 나타나는 것입니다. 그렇게 되면 5개 선거구 예측만 틀린 게 아니라, 양당의 격차로 보면 10석까지 잘못된 예측을 하게 됩니다. 즉 우리나라 정치가 보수, 진보 양당 중심이다 보니 한쪽이 지면 그걸로 끝나는 것이 아니라 다른 한쪽의 정당이 모두 의석을 획득하므로 잘못된 의석수 예측은 두 배로 나타나게 됩니다.

한 가지 짚어둘 부분은 '출구조사'는 선거예측조사의 여러 기법 중 하나라는 것입니다. 출구조사는 그야말로 투표소 출구 바로 앞에서 면접원들이 서서 진행하는 것입니다. 다만 출구조사는 면접원을 현장에 배치하는 등 워낙 비용이 많이 들기 때문에 모든 선거예측에 이용할 수가 없습니다. 따라서 지방선거의 광역단체장선거 예측, 또는 국회의원 선거에서는 전화조사 등의 선거예측조사가 함께 쓰이고 있습니다.

## 새로 등장한 문제, 여론조사는 공정한가?

어쨌든 최근에 와서는 여론조사의 정확도를 둘러싼 시비들은 상대적으로 줄어든 대신, 이른바 '공정성'에 대한 문제 제기가 늘고 있습니다. 사실 여론조사가 공정하지 않고, 어떤 의도를 가지고 편파적으로 한다는 이른바 편향성과 고의성에 대한 논란은 하루 이틀 일이 아닙니다. 이미 나름 오랜 역사가 있고 사례도 풍부합니다.

낮은 대통령 지지도가 국정을 위기에 빠뜨렸다는 비판부터, 여론조사 결과가 선거판을 흔들어 특정후보를 당선시켰다는 시비도 있었습니다. 즉 여론조사가 여론을 그대로 보여주는 게 아니고, 오히려 여론을 만들었다는 지적입니다.

김대중 전 대통령의 경우, 당시 여론조사마다 편차는 있었지만 2000년 10월에 노벨평화상 수상 결정에도 불구하고 다음 달인 11월에 40% 수준으로 대폭 지지도가 하락했는가 하면, 2001년에는 외환위기 이후 IMF(국제통화기금)의 구제금융을 전액 상환하여 이른바 "IMF졸업"이라는 큰 성과를 냈음에도 불구하고 오히려 그 이전보다 낮은 지지도가 나오자 당황하기도 했습니다. 이때 대통령 비서실 안팎에서는 여론조사가 국정위기를 만든다며 불만이 터져 나오고 또 조사기관에 이의를 제기하기도 했습니다. 그야말로 '여론조사 국정위기 조장론'입니다.

이 사건은 김대중 전 대통령 때 일어난 작은 해프닝이었지만 사실 그것은 시작이었습니다. 이후 우리 대통령들 중 대부분이 여론조사가 대통령 직무수행에 미치는 부정적 영향에 대해 못마땅했던 것 같습니다. 물론 되돌아보면 여론조사를 이긴 대통령, 또는 여론조사가 잘하고 있는 대통령을 실제 과소평가한 적은 없었다고 생각합니다. 당시 여론조사들의 높낮이가 서로 다르고, 불안정했다 하더라도 뒤돌아보면 대부분 대통령에 대한 국민의 불만이 커질 만한 상황이었습니다. 오히려 여론조사 수치가 경고하는 리더십의 위기를 인정하지 않고 그걸 부정하거나 방치하다 예외 없이 위기상황에 몰렸다고 할 수 있습니다. 굳이 여기서 사례는 안 들겠지만요.

사실 김대중 대통령 시기부터가 우리나라 여론조사가 본격적으로 꽃을 피운 시기라고 볼 수 있습니다. 한 달, 또는 매주 공표되는 정기적 정치지표 조사가 이때부터 본격적으로 시작되었습니다. 그 이전의 여론조사는 대개 연초나 명절 때 언론사들이 '한 번 해보자' 해서 특집으로 다루는 경우가 많았습니다. 또 정기조사를 한다고 해도 그 주기가 너무 길었습니다.

그러나 오래전부터 여러 정치선진국에서 보편화 되었던 '정기적' 정치 지표조사(political index survey) 또는 추적조사(tracking survey)가 우리나라에서도 확산함으로써, 여론조사가 '여론'을 전달하는 공식적 전달자로 자리 잡은 중요한 전환점이 되었다고 말할 수 있습니다. 즉 여론조사를 때에 따라 이벤트성으로 실시하는 것과 상대적으로 짧은 주기로 발표하는 것은 그야말로 하늘과 땅 차이입니다. 한마디로 여론조사 결과를 통해 '여론'이 공식적으로 정리되어 공표되면서 대통령과 정당들은 이제 국민의 평가를 정기적으로 받는 입장이 된 것입니다. '여론조사 결과' 또는 '여론'이 한국 정치에 영향을 미치는 중대한 변수 중 하나가 된 것입니다.

실제 이러한 변화 속에서 역대 여론조사와 관련된 큰 사건 중 하나가 터지게 됩니다. 바로 2002년 민주당 대선경선 중간에 실시된 'SBS-문화일보' 공동 여론조사에서 노무현 후보가 선두주자로 여겨지던 이인제 후보를 제치고 1위로 올라선 것입니다. 당시 이른바 '꼴찌' 노무현 후보의 여론조사 1위 소식은 경선판 전체를 흔들게 됩니다. 그때는 민주당이 여당이었던 만큼 그야말로 초유의 이변에 대한 온갖 조작 논란과 시비가 터져 나오기도 했습니다. 그러나 이러한 여론조사 '특종'은 정기여론조사 시대가 열리면서 생겨난 새로운 정치현상으로 볼 수 있겠습니다.

## 여론조사에 지나치게 연연하지 맙시다!

한편, '여론'을 측정하는 여론조사가 오히려 여론을 만든다는 이런 관점 또는 주장들을 대개 '밴드왜곤(bandwagon; 역마차) 효과'라는 차원에서 묶어볼 수 있습니다. 우리말로 번역한 단어는 '승자편승' 효과입니다. 즉 다른 사람들이 줄지어 누군가를 지지하니까, 덩달아 나도 따라 지지하게 된다는 것이죠. '밴드왜곤 효과'는 2차 세계대전 당시에 나치의 '선전(propaganda)'효과에 대한 이론적 접근 또는 가설입니다. 다만 분명한 것은 이처럼 어떤 정보나 메시지가 '큰 효과'를 미친다는 이론들은 이후 오랫동안 실험과 증명 등을 통해 구체적으로 증명되고 인정받은 주장이 아닙니다. 실제 이와 반대인 '언더도그(underdog) 효과', 즉 우리말로는 '열패자 효과'라고 부르는 현상이 나타났다는 학술적 검증들도 있습니다. 즉 '사람들이 앞서가는 후보보다 오히려 추격하는 후보에 동정표를 준다.' 등의 주장이 실험 등을 통해 증명되는 것을 말합니다.

현재 특정한 뉴스나 정보, 또는 메시지가 정치여론에 직접 미치는 영향은 제한적이고 우발적이라는 것이 대체로 정리된 학계의 입장입니다. 물론 직접적 영향은 아니더라도 이른바 의제설정 기능 등의 간접적 효과 등 다양한 차원에서 논의되기는 합니다. 다만 여론조사 결과가 미디어에 등장하는 대형사건 · 사고 뉴스, 그리고 여러 가지 수사와 재판 관련 뉴스, 하다못해 정치인이나 정당의 메시지보다 여론과 선거에 더 영향을 미친다는 주장은 사실상 근거를 찾기가 어렵습니다.

어떠십니까? 이 글을 읽는 당신은 다른 사람들이 저 사람을 많이 지지하는 것 같으니, 내가 지지했던 후보를 그 사람으로 바꾼 적이 있으신가요? 당신이 그러지 않았다면, 남들도 그렇지 않았을 겁니다. 여론조사가 여론에 미치는 영향은 직접적 효과 이외에도 다양한 차원에서 논의될 수 있지만, 생각하는 것처럼 직접적이고 일관되지 않으며 사실상 구체적으로 측정되고 증명된 적이 없습니다. 여론에 유의하는 것은 좋지만, 여론은 다양한 이유나 변수에 의해 만들어지고 바뀌는 것이니, '여론조사의 영향력'에만 꽂혀 지나치게 연연하지 마시라는 말씀입니다.

# 3. 여론조사기관, 믿고 놔둬도 될까?

## 대한민국 여론조사 기관들, 규제는 강한가 약한가

여론조사 회사를 왜 굳이 '기관'이라는 말을 붙여서 부르는 걸까요? 공신력이 있어 보이니 일부러 장식물처럼 쓰는 걸까요? 사실 외국에서도 여론조사를 수행하는 회사들을 가리켜 '기관(polling organization)'이라는 표현을 붙여 부르기는 합니다. 물론 구체적 여론조사결과를 소개하는 기사 내용에는 여론조사회사(opinion polling firm) 등으로 표기되기도 하고요. 우리나라와 크게 다르지 않다는 것입니다. 이는 민간회사이긴 해도 해당 업종의 핵심적 기능이 공공적 성격을 가지는 경우 기관이라고 부르는 관행 때문이라고 생각합니다. 은행 등을 금융기관이라고 부르고, 대학을 교육기관으로 부르는 것과도 비슷하지요.

즉 여론조사기관의 경우, '여론조사 결과'가 가지는 공공적 성격이 워낙 강하기 때문일 것입니다. 이들 '기관'이라고 불리는 민간기업들의 공통점은 핵심업무에 대해 법이나 행정상의 규제가 구체적이고 강력하다는 것입니다. 여론조사 분야도 마찬가지입니다. 이제 우리나라 여론조사와 여론조사기관에 대한 법적 규제는 물론 행정상의 심의 및 규제가 만만치 않게 늘어났습니다. 공직선거법 및 공직선거관리 규칙 등에 가장 많은 관련 조항들을 두고 있고, 앞서 소개한 중앙선거여론조사심의위원회(2014년 출범. 이하 '여론조사심의위')의 직접적 심의나 규제도 상당히 까다롭습니다.

그러나 이걸로도 충분하지 않고 여론조사를 좀 더 규제하고 감시해야 한다는 주장은 계속되고 있습니다. 관련 법규를 강화해야 한다는 주장에서부터, 조작을 잡아내기 위한 과감한 수사를 촉구하는 주장, 나아가 여론조사 관련 국가 차원의 위원회를 만들어야 한다는 주장까지 다양합니다. 다만, 현재의 여론조사에 대한 규제나 심의가 포괄적이고 과도하며 바람직하지 않다는 전문가들의 의견도 분명히 존재합니다. 조사회사 등록제나 조사권 및 조치권 부여 등은 다른 나라와 비교할 때 상당한 수준의 고강도 규제들입니다.

**제2장 일반기준**

제4조(신뢰성과 객관성)

① 선거여론조사는 그 결과에 대한 신뢰성을 확보하기 위하여 객관적이고 공정하게 이루어져야 한다.

② 누구든지 선거여론조사를 실시할 때에는 조사대상 전체에 대한 대표성을 확보할 수 있도록 피조사자를 선정하여야 한다.

③ 누구든지 선거여론조사를 실시할 때에는 피조사자 선정과정을 거치지 아니한 조사대상자가 자발적 의사에 따라 응답자로 참여하는 조사방법을 사용해서는 아니 된다.

④ 누구든지 특정 정당(창당준비위원회를 포함한다. 이하 같다) 또는 특정 후보자(후보자가 되고자 하는 자를 포함한다. 이하 같다)에게 유리하거나 불리한 결과를 가져올 수 있는 표본추출틀을 사용하여서는 아니 된다.

⑤ 누구든지 후보자가 구축하거나 제공한 데이터베이스를 표본추출틀로 사용하여서는 아니된다.

⑥ 누구든지 과다한 표본을 조사하여서는 아니 되며, 표본의 크기가 다음 각 호의 수보다 작은 선거여론조사 결과를 공표·보도하여서는 아니 된다.

1. 대통령선거〔2개 이상의 특별시·광역시·특별자치시·도·특별자치도(이하 "시·도"라 한다)를 대상으로 하는 여론조사에 한정한다〕 또는 전국단위 조사 : 1,000명
2. 광역단체장선거(2개 이상 자치구·시·군을 대상으로 하는 여론조사에 한정한다) 또는 시·도 단위 조사 : 800명
3. 지역구국회의원선거 또는 자치구·시·군 단위 조사 : 500명
4. 지역구지방의회의원 선거 : 300명

⑦ 누구든지 선거여론조사를 실시할 때에는 피조사자에게 응답을 강요하거나 조사자의 의도에 따라 특정 응답을 유도하는 방법으로 질문하거나 피조사자의 의사를 왜곡하는 행위를 하여서는 아니 된다.

⑧ 누구든지 선거여론조사를 실시할 때에는 그 결과를 왜곡할 수 있는 조사방법이나 분석방법을 사용하여서는 아니 된다.

⑨ 누구든지 선거여론조사를 실시할 때에는 응답률을 높이기 위하여 노력하여야 한다.

⑩ 전화조사의 경우, 무선전화를 사용하여 100분의 60 이상(이하 "권고 무선응답비율"이라 한다) 응답을 받도록 노력하여야 한다.

제5조(가중값 배율)

① 누구든지 선거여론조사를 실시할 때에는 조사지역 전체 유권자의 성별, 연령대별(연령대의 구분은 별지 제2호 서식에 따른다), 지역별 구성 비율 등을 기준으로 한 가중값 배율을 밝혀야 하며, 가중값 배율이 다음 각 호의 범위 내에 있지 않은 선거여론조사 결과를 공표·보도하여서는 아니 된다.

1. 성별 : 0.7 ~ 1.5
2. 연령대별 : 0.7 ~ 1.5

현재 공표되는 선거 및 정치 관련 여론조사들은 중앙선관위 산하의 중앙여론조사심의위의 규제 및 심의를 따라야 합니다. 여론조사심의위는 현재 조사기관의 등록, 여론조사 사전신고, 조사결과 등록, 여론조사에 대한 심의 및 조치 등 주요 국가들과 비교해 상당히 강도 높은 감독 권한을 가지고 있습니다. 또 여론조사와 관련된 구체적 조사설계 및 결과산출 과정에 대해 강제적 기준을 적용하고 있기도 합니다.

실제 비교대상이 될 만한 다른 나라들과 비교할 때, 우리나라의 여론조사에 대한 규제는 확실히 무겁습니다. 대략 세계 최고라고 해도 될 것 같습니다. 주요국가 중 여론조사를 구체적으로 규제하거나 감독하는 경우는 그리 사례가 많지 않습니다. 우리나라를 제외하면 프랑스가 가장 엄격한 규제를 하고 있다고 볼 수 있고, 캐나다 역시 규제가 구체적으로 이뤄지고 있습니다. 다만 이들 나라 역시 여론조사에 대한 규제는 대부분 여론조사에 대한 투명한 '정보공개'를 중심으로 이뤄지고 있습니다. 다만 여론조사에 대한 규제가 무거운지, 가벼운지는 각 나라의 특수한 상황을 고려해서 판단하는 것이므로 이후 전문가들끼리의 더 많은 토론이 필요한 부분입니다.

그렇다고 해서 우리나라가 여론조사에 가장 가혹한 규제를 하는 나라는 아닙니다. 왜냐하면, 민주주의가 확실히 정착된 나라가 아니면, 아예 여론조사를 허용하지 않는 경우도 많기 때문입니다. 물론 상대적으로 시장이나 기업부문의 조사는 규제가 덜하긴 합니다. 그런 점에서 여론조사의 자유로운 실시와 공표 자체가 선진화된 민주주의의 상징이라고 해도 과언이 아닙니다. 실제 아시아 국가 중 정치사회 부분의 여론조사를 공표하는 나라, 특히 그 나라의 지도자에 대한 지지도를 조사해 공표할 수 있는 나라는 손으로 꼽을 정도입니다.

## 디지털 여론 시대, 여론조사의 신뢰도와 역할

여론조사에 대한 정부의 규제강화는 사실 일반 국민들의 여론조사에 대한 불신이나 불만과도 궤를 같이하는 것이 사실입니다. 앞서 여론조사에 대한 정확도가 올라가고 기술적 발전이 이뤄짐에 따라, 오히려 '공정성', 또는 '편파성', 나아가 조작 가능성에 대한 논란은 커지는 경향을 보여준다고 말씀드렸습니다. 즉 '너희 여론조사는 못 믿겠다'는 문제제기나 정치공세는 끊이지 않습니다. 아니 오히려 훨씬 늘었고 또 강도도 세졌습니다.

특히 이 부분에서 눈여겨볼 부분은 이른바 온라인 또는 SNS나 소셜미디어 등을 통해 형성되는 디지털 여론시대에서의 여론조사의 역할 문제입니다. 지금은 근현대의 민주주의의 전통, 즉 '대의' 정치 시대가 저물고, 디지털 여론공간이 열리면서 '우리 편이 하면 다 옳다'로 대표되는 편가르기 진영정치와 디지털 팬덤시대가 도래한 상황입니다. 특히 디지털 '팬덤정치'가 한국 정치의 중요한 흐름으로 부상한 이후에는 지지자들이 적극적 지지 태도나 행동을 보이기 때문에 '자신들에게 불리한' 여론조사에 대한 비판도 커졌다고 말할 수 있습니다. 그래서 최근에는 '우리가 직접 여론조사 회사를 만들어서 여론조사 조작에 대응하겠다'는 상황까지 만들어집니다.

이런 시대에는 적극적 여론집단으로서의 '팬덤세력'과 객관성과 중립성을 중시하는 '여론조사'가 일정 수준 긴장관계에 돌입하게 됩니다. 실제 "우리가 이렇게 지지하는데, 어떻게 여론조사가 그렇게 나오나?" 또는 "저 형편없는 인물 또는 집단이 여론조사에서 어떻게 그렇게 높은 수치가 나오나?"라는 불만과 비난이 온라인상에서 봇물이 터지듯 합니다. 각 진영 지지층들은 여론조사 자체를 못 믿겠다고 아우성을 치는 동시에, 아예 여론조사기관이나 여론조사 전문가들의 '신상캐기'를 통해 그들의 '성향'과 '족보'를 들춰내면서 문제를 제기하기도 합니다. 한마디로 여론조사가 정치팬덤들의 눈엣가시이자 걸림돌이 되는 것입니다. 그러나 이러한 흐름을 반대로 짚어보면 현재와 같은 진영정치가 격렬한 시대일수록 '여론조사'의 역할은 더욱 커진다고 볼 수 있습니다.

결론적으로 정리하면, 우리나라에서 두드러지는 여론조사에 대한 시비나 불신, 나아가 강한 규제 등을 다양한 차원에서 볼 필요가 있습니다. 물론 여론조사도 엉망이고 이상한 조사기관이 너무 많다는 인식, 즉 우리나라의 실태를 반영한다는 주장도 설득력이 있습니다. 다만 이것을 정치문화적 시각에서도 볼 필요는 있습니다. 먼저 '여론조사 결과가 선거결과에 큰 영향을 준다'는 것을 당연히 받아들이는 인식, 또 '우리 편이 지는 것은 용납할 수 없다'는 사이버 정치팬덤도 한몫합니다. 동시에 정치적 승패나 권력에 대한 한국적 문화 역시 반영하고 있기도 합니다. 즉 질

것 같으면 후보도 바꾸고 노선과 정책마저도 내팽개치는 승리지상주의식 정당문화, 정치적 이익을 위해서는 여론조사마저 조작해보려는 비윤리적인 정치문화, 또 다른 나라와 달리 여론조사를 경선 등의 정당 내 공식적 정치과정에 무리하게 활용하고 있는 한국의 특수한 상황 때문이라는 점도 분명히 지적해둘 필요가 있습니다.

그러나 '여론조사 결과는 여론을 보여줄 뿐, 여론을 만들어내는 것과는 직접 관련이 없다'는 관점에서 보면 이런 식의 규제를 다른 시각에서 보게 됩니다. 즉 앞부분에서도 한 번 설명했지만 관련 기사나 논문은 물론 법원의 판결에까지 등장하는 "유권자들에게 큰 영향을 줄 수 있는 여론조사가" 라는 문장에 대한 학술적, 경험적 근거는 꽤 빈약합니다. 사실 그 부분 때문에 외국에서는 여론조사에 대한 규제가 엄격해지지도 않고 많지도 않다고 볼 수 있습니다.

이와 더불어 정치권 물밑에서 항상 논의되거나 제기되는 '우리 편' 여론조사기관 만들기에 대해서도 말리고 싶습니다. 실제 '말썽나지 않는' 확실한 조작은 쉽지도 않을 뿐더러, 막상 반대편에서 보면 편향된 여론조사 질문을 하고 그 결과가 다를수록 사람들에게 비난과 조롱을 받기 일쑤입니다. 오히려 객관적이고 의미 있는 대중의 경고를 놓칠 가능성만 커집니다. 또 만일 '우리 편' 여론조사기관이 질문했는데도 그 결과가 우리 편에 별로 유리하지 않게 나오면 결국 상대방 좋은 일만 시켜줄 따름입니다.

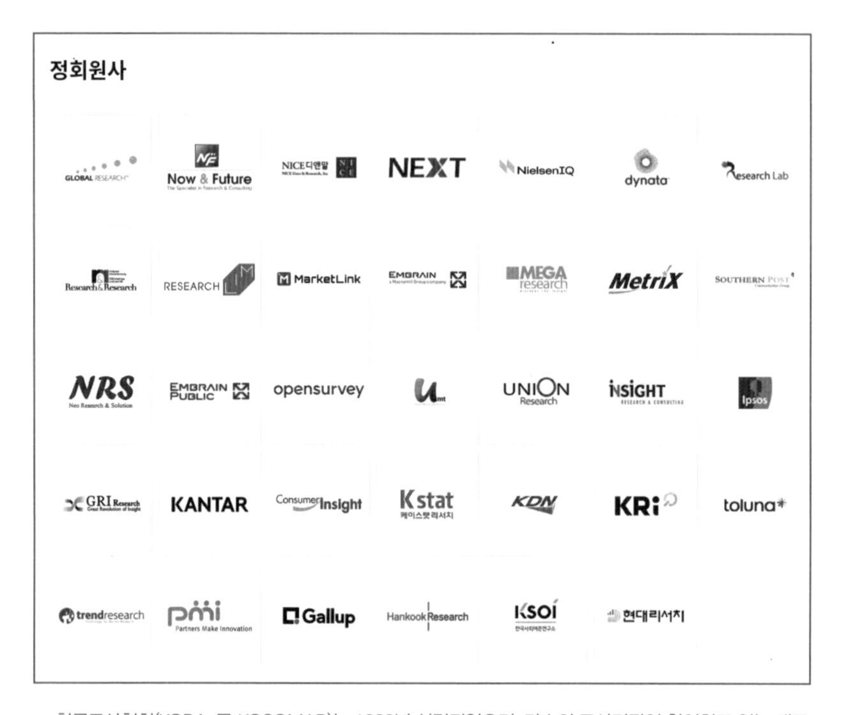


한국조사협회(KORA, 구 KOSOMAR)는 1992년 설립되었으며, 다수의 조사기관이 참여하고 있는 대표적 비영리단체로 통계청 산하입니다. 현재 30여 개의 정회원사와 20여개의 준회원사가 참여하고 있습니다. 정회원사의 경우 이미 오랜 기간 활동해오며 대외적 공신력을 축적해왔거나 업계에서 인정받는 전문가들이 설립한 곳입니다. 준회원으로 등록된 회사들 역시 나름대로 협회가 요구하는 최소한의 요건을 충족하고 있다는 점에서 조사기관의 신뢰에 대한 판단기준으로 삼을 만합니다.

## 최고의 여론조사기관은 어디인가요?

여론조사에 관한 얘기를 한참 나누다 보면, "그런데 그럼 어느 회사가 최고야?" 또는 "어느 회사가 제일 큰 회사인지?"를 묻습니다. 대답하기 쉽지 않은 질문입니다. 우리 경제의 발전 속도처럼 여론조사 시장 역시 빠른 속도로 성장해 왔고, 대략 1조 정도의 시장으로 봅니다. 또 시장규모가 커진 만큼 당연히 여론조사기관, 또는 조사회사들의 숫자도 늘어났습니다. 선관위에 등록한 조사기관수를 보니, 얼추 따져도 이제 100개에 육박해가는 것 같습니다. 유권자들 관점에서 어디가 어디인지 헷갈릴 만도 한 상황입니다.

이 많은 조사기관 중 어디가 최고인지 궁금한 것은 당연하지만, 사실 '최고의 여론조사기관'이라는 의미 자체가 모호해서 곧바로 대답하기는 쉽지 않습니다. 단순히 회사 매출규모만으로 '최고'를 말하기도 어렵습니다. 현재 국내 상위권 리서치 회사 중 비전문가들은 난생처음 들어보는 회사가 많습니다. 이들은 대개 초대형 다국적 조사기업들입니다. 물론 한국리서치나 한국갤럽 등 오랜 역사와 실력, 큰 규모를 가진 회사들이 여전히 상위랭킹에 포진하고는 있습니다. 그럼에도 불구하고 우리나라 여론조사 시장에서 이들 다국적 리서치회사들이 차지하는 점유비율이 워낙 커져 막상 구체적 매출순위를 알려줘도 보통 사람들에게는 얼른 와 닿지 않습니다. "어떻게 듣도 보도 못한 곳이 그렇게 큰 회사라는 거지? 너랑 무슨 관계가 있냐?"라며 아예 못 믿겠다는 표정을 짓기 일쑤입니다.

사실 조사회사 중 상당수가 내부적으로 마케팅조사 부문과 정치사회조사 부문이 뚜렷이 구분된 경우가 많습니다. 따라서 애초부터 회사의 전체 매출규모로 최고의 여론조사기관을 꼽는 것은 실제 일반 사람들이 원하는 답도 아닐 것입니다. 즉 일반 국민의 시각에서는 여론조사기관이라고 하면 아무래도 선거나 정치 관련 여론조사를 중심으로 생각하기 마련입니다. 그러나 사실 전체 여론조사, 또는 리서치 산업에서 정치사회 문제를 주로 다루는 '여론조사(opinion polling)'의 비중은 그리 큰 것이 아닙니다. 대개 리서치 기관들의 매출 중 큰 비중을 차지하는 것은 '마케팅조사' 또는 '시장조사'라고 부르는 영역입니다. 일부 다국적 대형 여론조사회사들은 아예 정치조사 자체를 하지 않는 예도 있습니다. 따라서 정치사회 조사 매출만으로 최고다, 아니다를 얘기하는 것도 또 적당하지가 않습니다.

여론조사기관의 실력을 가늠해볼 수 있는 또 다른 의미 있는 기준을 생각해본다면, 지상파 방송사들이 '공동선거예측'을 의뢰하는 회사들이 어딘지를 보는 것입니다. 방송사의 선거예측은 기술적 난도가 높은 동시에 상당한 규모의 안정된 시스템이 구축되어 있어야 수행할 수 있습니다. 따라서 많은 숫자의 여론조사기관 중 출구조사나 선거예측조사를 수행할 수 있는 곳은 매우 한정적입니다. 선거마다 약간씩 선정기관들이 달라지지만 모두 합쳐도 5~6개를 넘지 않는다고 말할 수 있습니다. 방송사 입장에서는 선거 예측오보를 내는 것은 대국민 사과를 해야 할 만큼 큰 사고이므로 신중에 신중을 기할 수밖에 없습니다. 그야말로 믿을 수 있는 최고의 조사기관을 선정해야 합니다. 따라서 당대 최고의 여론조사기관이 어딘지 궁금하시다면, 이들 지상파 방송사 선거예측을 수행하는 곳들이 어디인지를 확인해보는 것도 하나의 방법입니다.

다만 이들 선거예측을 수행하는 조사회사들이 규모도 상당하고 실력과 경험이 풍부하다고 하지만, 정치와 선거, 정부를 포함한 공공정책 영역에서 전문성을 가진 것만은 아닙니다. 다시 말해 우리가 일상적으로 접하는 여러 여론조사, 즉 정치적으로 관심을 주목시키는 쟁점현안이나 선거판세, 또 정부 및 지방자치단체들이 시행하는 주요정책과 관련한 전문성을 따로 가진 여론조사기관들도 있습니다. 이들을 정치 및 공공부문에 특화된 전문성을 가진 부티크 조사회사들이라고도 표현할 수 있겠습니다.

실제 이들 중 상당수는 선거후보나 정당에 대한 선거컨설팅 등을 함께 하고 있기도 합니다. 이처럼 여론조사를 가지고 전문적 정치분석을 하거나 선거전략을 짜는 전문가들을 미국 등에서 폴스터(pollster), 즉 여론 전문가 또는 여론전략가로 부릅니다. 즉 이들 '폴스터'들이 중심이 된 조사회사들 역시 해당 분야에서 상당한 전문성과 실력을 갖춘 곳들이 적지 않습니다. 다만 이와 관련, 특정 정당이나 후보의 선거컨설팅을 수행하는 곳이 객관성과 중립성을 중시하는 '국민여론조사'를 수행하고 공표하는 것이 타당한가에 대한 문제 제기가 있습니다. 참고로 미국의 경우에는 공신력 있는 대중매체를 중심으로 여론조사만을 전문적으로 수행하는 조사기관과 위에서 말한 폴스터들이 컨설팅을 병행하면서 여론조사도 수주하는 '정치 및 선거여론조사' 전문 업체와 구분되는 경향이 있습니다. 반면, 대체로 유럽 쪽은 우리나라처럼 그 구분이 명확하지 않은 경향이 있습니다.

여론조사기관의 공신력을 확인하는 방법으로 크게 두 가지 경로를 추천합니다. 하나는 '한국조사협회(KORA)' 홈페이지(www.ikora.or.kr)를 참조하는 것이고, 또 한 가지는 중앙선거여론조사심의위원회 등록된 조사기관 명단을 확인하는 것입니다. 다만, 한국조사협회 홈페이지상의 회원사들의 경우 공신력을 갖춘 회사들이 많지만 정치나 선거조사를 거의 하지 않는 곳들도 섞여 있습니다. 반대로 중앙선거여론조사심의위에 등록된 조사회사들은 등록이 되었다고는 하지만, 새롭게 문을 연 곳도 많고 지역을 기반으로 하는 지방권 조사회사들이 많아, 관련 전문가들도 이들의 공신력을 쉽게 판단하기가 어렵습니다.

# 전문가와 맞짱뜨는 여론조작 감정법

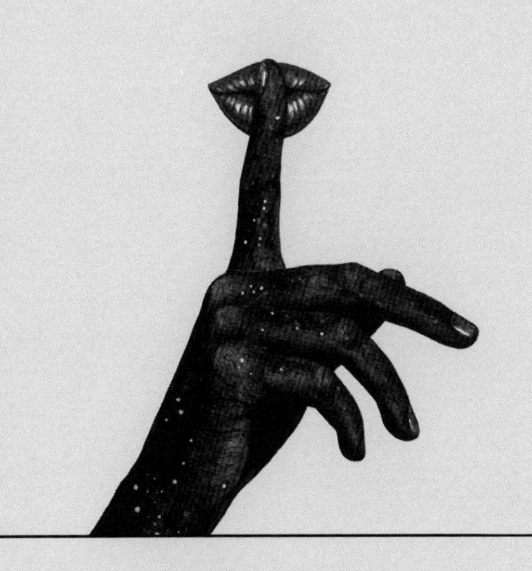

# 여론조사,
# 진짜 아세요?

# 4. 여론조사, 모르면 욕하기도 어렵다

여론조사 관련 강의를 할 때 학생들에게 물었습니다. 여론조사를 믿냐고? 믿지 않는다는 학생들 숫자가 꽤 많았습니다. 이어서 질문해 봤습니다. "그럼 '여론' 그 자체는 옳다고 생각하나요?" 머뭇거리면서도 "반드시 옳은 것은 아니다."라는 대답이 다수였던 것 같습니다. 당신은 어떠신가요?

## 여론조사, 유리하면 과학이고 불리하면 조작이다?

여론조사와 관련한 일들을 해오며 제 주변 사람들과 나눴던 대화를 떠올려 봅니다. 여론조사 결과가 자기 생각과 같으면 믿지만, 자기 생각과 다르다면 대체로 믿지 못했던 것 같습니다. 정당이나 정치인들은 좀 더 적극적으로 반응합니다. 여론조사 결과가 자기에게 유리하면 '과학'이라고 추켜세우지만, 불리하면 '조작'이라고 비난하기도 합니다. 이런 모습은 정치인뿐만 아니라 정치나 사회현안 등에 관심이 높은 보통사람들에게서도 나타날 수 있습니다. 여론조사 전문가들은 이런 태도를 두고 우리 국민은 여론조사를 "달면 삼키고 쓰면 뱉는다."라고 한숨을 쉬기도 합니다.

왜 주변의 많은 분이 여론조사를 그리 못마땅해 할까요? 좀 거칠게 단정하자면, 공표된 여론조사 결과가 자기 생각과 달라 마음이 불편하기 때문이겠죠. 또 개개인의 입장에서 '저 여론은 틀렸기 때문'일 것입니다. 이렇게 여론조사 결과가 자기 생각에 뭔가 잘못되었다고 생각되면, "여론조사는 믿을 게 못 된다." 아니면 좀 더 구체적으로 "어느 회사의 여론조사 결과를 못 믿겠다." 등의 부정적 반응을 보이는 분들이 적지 않습니다. 때로는 여론조사에 대한 불신에 앞서, '여론' 그 자체를 긍정적으로 보지 않는 분들도 있습니다. 만일 '여론' 자체가 옳지 않다면, 조사의 정확성 등과 관계없이 하루가 멀다고 발표되는 갖가지 여론조사 결과들이 불편할 수밖에 없습니다.

## 여론조사를 안 믿어도 무시하기는 어렵다

여론, 또는 여론조사 자체가 마음에 안 드니 아예 무시하고 안 보면 어떨까요? 그건 또 어렵습니다. 즉 여론조사를 믿을 수는 없지만 계속 신경이 쓰이기 마련입니다. 사람에 따라 정도가 다르긴 하지만 대체로 보통사람들은 안 그런 척하더라도 남에 대해 신경을 많이 쓰며, 실제 남의 말에 예민하게 반응하는 경우가 많습니다. “네 말이 맞아.”, “네 입장을 이해한다.”는 말들이 힘과 용기를 주는 반면, 반대로 “그건 네 생각이지.”, “전혀 동의하지 않아.”라는 말을 들으면 풀이 죽거나 감정이 상하는 것과 다르지 않습니다. 다시 말해 우리는 남들의 말이나 생각을 신경 쓰지 않기가 어렵습니다. 당연히 국민여론이라는 이름으로 발표되는 조사결과들은 말할 것도 없습니다.

개인의 심리적 차원을 벗어나, 사실 정치 사회적 측면에서도 우리는 남들의 생각, 즉 ‘여론’을 신경 쓰는 것이 당연합니다. 일단 우리나라는 민주주의 사회이므로 ‘다수결’이 가지는 의미는 큽니다. 선거를 보면 알 수 있듯이 ‘다수가 원하는 것이 옳다.’라는 기본원칙이 작동한다는 얘기입니다. 실제 여론의 방향이 정치나 정책에 직간접적으로 반영되기도 합니다. 따라서 내가 관심을 가지는 문제나, 나와 관련된 정책 등이 ‘다수의견인지 아닌지’에 관심을 두는 것은 분명히 필요합니다. 내 생각이나 내 이익에 배치되는 여론조사 결과가 나오면 불편해하면서 이를 비판하는 것도 당연하고요. 결국, 우리는 개인적 차원에서든 아니면 사회적 차원에서든 여론조사 결과를 통해 전달되는 '여론'에 신경 써야 하는 것이 정상적입니다.

## 각자의 생각은 전체 여론을 만드는 퍼즐 조각이다

본격적으로 여론조사에 관한 이야기를 시작하기 전에, '여론' 그 자체에 대해서도 대략적으로 정리하고 넘어가야겠습니다. '여론'이란 함께 살아가는 다른 사람들의 생각이나 의견을 모은 것입니다. 그러나 "여론에 휘둘리지 말라.", "여론이 다가 아니다."라는 말에서 나타나듯이 '여론'을 부정적으로 보는 관점도 꽤 있습니다. 대표적인 것이 바로 '중우정치'라는 말입니다. 즉 대중의 생각이나 의견을 어리석은 것으로 보고 정치가 대중 여론에 휘둘려 끌려다니는 것은 잘못이라는 것이죠. 또 우리나라 정치인들이 자주 쓰는 말 중 하나인 '포퓰리즘(대중영합주의)' 역시 국가 지도자나 정부가 대중의 인기에 연연하며 선심성 정책을 남발하는 것을 비판하는 데 쓰입니다. 그러나 잘 생각해 보면, 결국 이 용어 자체가 '대중'은 우매하다는 전제나 선입견이 내포되어 있습니다.

여기서 한 발만 좀 더 깊게 들어가 봅니다. 가만히 생각하면 우리는 원래부터 다른 사람, 또는 남의 의견 자체를 믿지 못하는 측면이 있다고도 말할 수 있습니다. 아는 분들은 아시겠지만, 언론학에서 다루는 이론 중에는 '제삼자 효과(the third-person effect)' 이론이라는 것이 있습니다. 즉 "나는 언론을 통해 나오는 뉴스 등에 큰 영향을 받지 않지만 다른 사람들은 (나보다) 크게 영향을 받을 것이라고 생각한다."는 것이 요지입니다. 그것이 이론으로서 얼마나 정확하고 타당한 것인지를 떠나 "나는 맞고 너는 틀리다."라는 사람들 마음의 특성을 지적하고 있습니다.

그러나 구체적 이유가 있다면 모를까, 단지 다른 사람의 생각이 나와 달라서 여론에 대해, 또는 여론조사에 대해 부정적인 감정이 생긴다면 이것은 좀 문제입니다. '여론조사 결과가 곧 민심이고, 민심은 정말 천심이냐' 등과 같은 근본적 의미에 관한 토론 등은 제쳐놓고서라도 말입니다. 현실에서 '여론' 또는 '여론조사'에 대한 불신과 맞닥뜨렸을 때 가장 난감한 것은 바로 내 생각과 다른 사람들의 생각이 다른 것을 받아들이지 못하는 모습입니다. 즉 '자신이 맞다고 믿는 그 생각'이 바로 전체 여론의 일부일 수밖에 없다는 점을 받아들이지 못하는 것이겠죠. '사람들은 왜 이렇게 어리석은가? 우리나라 사람들은 왜 이 모양일까?'라는 식의 말과 태도는 여론을 이해하는 데 도움이 되지 않습니다.

모든 사람이 이상해 보이면 사실 자기가 더 이상한 것이죠. 당신이 의견이나 생각이 아무리 다시 생각해 봐도 옳다 해도 그것은 '여론이라는 전체 그림을 구성하는 소중한 한 조각'으로 보는 것이 바람직합니다. 당신의 의견이 미래에 진리로 밝혀질 것이냐 아니냐를 떠나, 또 당신이 얼마나 높은 위치나 지식을 가졌든 말이죠.

## 여론조사가 곧 국민 여론이다

여론이 중요하다면 그것을 공개적으로 전달한다는 '여론조사 결과'도 당연히 중요해집니다. 여론조사기관들이 나름 정확한 예측을 통해 공신력을 쌓아왔지만, 아직도 여론조사 결과에 대한 의심 또는 불신은 상당합니다. 지난 대선 이후에도 여야 진영과 관계없이 미디어에서 공표되는 여론조사가 정말 제대로 여론을 전달하고 있는지, 또 여론조사를 수행하는 여론조사기관들을 과연 믿을 수 있는지는 여전히 논란이 되고 있습니다.

정상적으로 민주주의가 작동하고 언론과 출판의 자유가 보장된 여러 나라에서는 '여론조사'가 미디어를 통해 자유롭게 공표됩니다. 이런 나라들에서는 '여론조사'가 그 나라 국민, 또는 그 사회의 여론을 정리해 보여주는 셈입니다. 여론조사가 보통사람들 또는 우리 국민 개개인이 '옳다고 믿는 것'이 무언인지를 조사한다고 할 때, 사실 그 자체로 의미를 가집니다. 그 결과가 옳은지 아닌지 다른 문제입니다. 여론조사는 테스트가 아니라 애초부터 개개인의 '신념', '가치관', '의견', '반응'을 알아보는 것입니다. 또 그 같은 개인들의 생각을 모아 하나의 '지도'를 만들어야 정치와 정책을 만들어가는 데 유용하기 마련입니다.

우리나라도 이제 여론조사가 여론을 보여주고 전달하는 공공적 기능을 주도적으로 담당합니다. 이렇게 발표된 여론조사는 선거 보도에서 가장 핫한 뉴스로 다뤄지거나, 정부나 지자체의 각종 정책 추진과 결정에 영향을 미치는 경우도 많습니다. 지금에 와서는 당연하게 보이지만 사실 여론조사가 '여론'을 보여주는 공식적 역할을 하게 된 것은 그리 오래된 일이 아닙니다. 나름대로 그것은 민주주의 및 정치발전 과정과도 맞물려 있습니다. 현재도 정부 정책 또는 정치 관련 '여론조사'를 공표할 수 없는 나라들이 적지 않습니다.

그렇다면 여론조사가 없었을 때는 어땠을까요? 즉 여론조사를 통해 여론이 공표되는 저널리즘이 정착되지 않았을 때는 대체로 정치지도자나 지식인, 언론인들이 자신들의 지식이나 판단을 통해 '이것이 여론'이라고 주장했습니다. 물론 일반인으로서는 그들이 여론이라고 주장하는 것이 정말 맞는 것인지 알기란 어려운 일이었습니다. 그러나 '객관성'을 앞세운 여론조사가 미디어를 통해 공표되면서 개인이나 특정 집단이 '내가(또는 내 생각이) 곧 여론이다.'라고 주장하는 일은 사라졌다고 말할 수 있습니다. '이것이 시중여론'이라고 아무리 주장해도 여론조사를 통해 뒷받침되는 주장인지 확인됩니다.

이렇듯 여론조사가 마치 심판관 같은 역할을 하게 되다 보니 시비도 많아졌습니다. '여론조사 결과'를 두고 첨예하게 입장이 대립하거나, 또는 여론조사의 신뢰성에 대해 문제를 제기하는 경우도 빈번해졌습니다. 주변에서 자기 생각과 여론조사 결과가 다르면 씩씩거리며 불평하거나 불만을 토론하는 일은 일상처럼 되었습니다. 특히 우리나라는 민주주의 국가임을 물론이고 옛날부터 '민심은 천심'이라는 가치가 강조되어 왔기 때문에 더더욱 여론조사 결과가 가지는 의미가 무거운 것 같습니다. 즉 '민심'을 중요시하는 문화를 가진 우리나라에서 여론조사를 둘러싼 비판이나 시비가 많은 것은 놀라운 일은 아닙니다.

이것을 부정적으로 볼 일은 아닙니다. 오히려 여론조사가 중요해지면 중요해질수록 사람들이 그 공정성이나 정확성 등에 대해 까다롭게 관심을 가지는 것은 당연하고도 바람직하다고 말할 수 있겠습니다. 나라, 또는 내가 사는 지역의 여론을 종합해 보여주는 여론조사 결과가 잘못되면 내가 속한 집단이 잘못된 방향으로 나아갈 가능성이 생기는 겁니다. 따라서 여론조사 결과나 여론조사기관을 아무 생각 없이 믿는 것은 좋은 일이 아닙니다.

## 여론조사, 알 건 알아야 제대로 욕할 수 있다

여론조사가 사회적으로 중요한 현안에 대해 심판역할을 하고 성적처럼 점수를 매겨 발표하는 것이 영 못마땅한 분들도 계십니다. 여론조사라는 것이 특출날 것 없는 주변의 평범한 사람들을 대상으로 전화로 짧은 시간에 응답한 것들을 모아서 발표한 것에 불과한 것이기 때문에 별 의미가 없다고 생각할 수도 있습니다. 게다가 잘 알지도 못하는 여론조사 회사들이 우후죽순으로 늘어나 앞다퉈 결과를 내놓는 것도 마음에 안 들 수 있습니다.

물론 전문가가 아니더라도, 또는 관련 지식이 없어도 여론조사에 대한 문제를 제기하거나 비판할 수 있습니다. 그러나 여론조사는 대개 전문적 지식과 절차를 통해 생각보다 엄격하게 진행됩니다. 혹시라도 대학교나 대학원에서 논문을 쓸 때 여론조사를 활용하려 해본 경우, 또 그런 분이 주위에 있다면 잘 알 것입니다. 얼핏 보면 별거 아닌데, 막상 해보면 머리도 아프고 교수님도 꼬치꼬치 따지니 간단치가 않습니다. 여론조사를 하는데 필요한 조사방법론이나 통계학 역시 학생들이 골머리를 썩이는 수업입니다.

무엇보다 여론조사 결과를 근거로 제대로 자신의 주장을 펴거나, 나아가 여론조사의 문제 자체를 비판하려면 최소한의 지식이나 이해가 필요합니다. 이후의 내용을 보시면 아시겠지만, 소셜미디어나 온라인 게시판 등에 올라오는 여론조사에 대한 의견이나 비판 중 상당수가 오해이거나 잘못된 정보에 입각한 것입니다. 심지어 대통령과 유력 정치인들의 발언, 또는 미디어 칼럼조차 조사전문가들로서는 설득력이 없는 비판인 경우가 많습니다.

이처럼 '막 던지기' 식의 비판에 대해서는 조사전문가들도 귀를 기울이지도 않고 신경도 쓰지 않게 됩니다. 아무리 으름장을 놓아도 별달리 부응해서 개선할 방안도 마땅치 않습니다. 결국 그냥 하던 대로 합니다. 여론조사가 내 마음에 안 들 때 누구나 당장 욕하고 비난하는 것은 자유입니다. 그러나 공적 위치에서 한 잘못된 주장에 대해 곧바로 공개적 반론이 들어오면 말문이 막힐 수도 있고, 또 혼자 오해하면서 남몰래 온라인 공간에서 분노를 키워가는 것도 바람직하지는 않습니다.

그러나 많은 분이 우려하듯이, 비록 처음부터 의도한 것은 아니더라도 문제가 될 만큼 편향되거나, 결과적으로 여론조작 아니냐며 문제를 제기할만한 여론조사가 없는 것은 아닙니다. 당연히 이런 여론조사들이 있다는 것은 심각한 문제이고 이것을 바로잡기 위한 많은 사람의 감시와 비판이 필요합니다.

여론조사에 대해 이해하려는 것은 다소 귀찮고 골치 아픈 일인 것은 사실입니다. 그러나 여론조사를 제대로 비판하는 데 필요한 최소한의 또는 꼭 필요한 지식을 가지는 것은 가치 있는 일이라고 말씀드리고 싶습니다. 신문 1면이나 포털사이트 대문에 보라는 듯이 걸리는 "대통령 지지도 이번 주에도…" 또는 "○○○후보 차기 대선 선두로 나서", 또는 "전 국민의 절반 이상이 반대…"와 같은 기사들을 무조건 모르는 척 넘어갈 수 있겠습니까? 전문가는 아니더라도 '독자'로서 일정 수준의 지식을 가지면 여론조사의 품질이나 편향성에 대해 문제를 제기하는 것이 분명히 가능합니다. 또 여론조사 관련 기사를 읽는 재미도 배가 되고 전문가들처럼 정세분석 능력을 가질 수도 있겠죠. 또 주변 사람들과의 대화에서도 의미 있는 주장을 펼 수 있고 논리적으로 설득하는 것도 가능해집니다.

저는 개인적으로 '언제나 대중이 옳다'라든지 '여론조사 결과가 민심이고 천심이다'라는 주장에 대해 전적으로는 공감하지 않습니다. 반대로 '대중은 믿을 수 없으며 여론조사 자체도 엉터리다.'라는 주장에도 물론 공감하지 않습니다. 다만 우리 사회에서 여론조사에 대한 이해가 좀 더 넓어질 필요가 있다는 점, 그리고 여론조사 결과를 받아들이고 활용하는 문화 자체에 대해서는 아쉬운 점이 많습니다. 이제 '더 좋은 여론조사'를 위한 이야기를 본격적으로 시작해 보겠습니다.

# 5. 큰 나라든 작은 나라든 표본 수가 비슷한 이유

언론에 공표되는 여론조사들의 표본 수를 보면 대개 1,000명 안팎입니다. 사실 많은 분이 그런 적은 표본으로 오천만 국민 또는 사천만 유권자들의 여론을 알아낸다는 것이 정말 가능한 것인지, 또 정확한 것인지 의아해하십니다. 내심 못 미더워도 '나도 잘 모르니 그런가 보다.' 하고 넘어가는 것이죠. 1,000명 가지고 읽는 민심, 진짜 믿을 수 있을까요?

## 1,000명으로 4,000만 명의 여론을 알 수 있나?

시사문제나 정치에 관심이 있는 분들이라면 여론조사 표본 수를 좀 늘려야 하는 것 아닌가 하고 생각할 수도 있습니다. 정치인들이 목메는 대통령 또는 대선후보의 지지도, 또 정부의 주요정책에 대한 찬반 등을 알아보는데 대략 3,000~4,000명, 또는 한 5,000명 정도의 표본이라도 되면 좋겠다고 생각할 수도 있습니다.

흥미로운 점은 인구수가 각기 다른 여러 나라에서 공표되는 여론조사의 표본 수가 서로 비슷하다는 점입니다. 인구가 훨씬 많은 미국도, 반대로 인구가 수백만 명 대인 유럽의 작은 나라들도 여론조사 표본 수는 대략 1,000명 내외입니다. 인구의 많고 적음이 여론조사의 표본 수와 직접적으로 상관이 없는 것이죠. 그러나 다른 나라가 그렇게 하니 우리나라도 문제없다는 식의 설명으로는 뭔가 부족합니다. 도대체 여론조사의 표본 수를 누가, 왜 그렇게 정하는 건지 알아볼 필요가 있습니다.

일단, 결론부터 말씀드리면 표본 수가 많아진다고 여론조사가 정확해진다고 말하기는 쉽지 않습니다. 반대로 적절한 크기 아래로 표본 수가 줄어들게 되면 생각보다 오차가 커질 수도 있습니다. 알 듯 말 듯 알쏭달쏭한 설명이지요? 요점만 말하면 1,000명이란 숫자가 정치 현안 등에 대한 국민여론을 파악하는 여론조사에 적당한 정도의 크기라서 그렇게 정해진 것입니다.

어려운 부분은 최대한 걷어내고 간단히 설명드립니다. 비록 초등학교

저학년 수준이지만 오랜만의 산수 이야기이니 뇌에 자극이 갈 수도 있습니다. 무려 '백만 개'의 공이 든 상자가 있다고 치죠. 여기에 제가 파란 공과 빨간 공을 섞어 놓았습니다. 사실 공을 준비한 저도 두 가지 색의 공을 각각 몇 개씩 넣었는지는 모릅니다. 여러분은 제가 아무렇게나 섞어서 넣어놓은 백만 개의 공 중, 파란 공과 빨간 공의 비율을 정확히 알아내야 합니다. 정말 백만 개를 다 꺼내어 세어보실 건가요? 통계학자들은 그럴 필요가 없다고 얘기합니다. 만일 공을 '잘 섞어서 잘 골라내면' 1,000개 정도의 표본만으로도 공의 색깔별 비율을 꽤 정확히 알아낼 수 있다는 것이죠. 물론 약간의 오차가 생길 것이고 통계학자들은 틀릴 수 있는 오차의 범위까지도 제시합니다. 도대체 이들은 뭘 믿고 그것을 장담하는 것일까요? 정말 이들의 말을 믿을 수 있을까요?

## 경험에서 나온 과학,
## 적은 표본으로 전체 모집단을 알아낸다!

통계학자들이 천재적 머리로만 이런 방법을 고안해낸 것이 아닙니다. 좀 과장해서 표현하면 정말 다 세어 본 것입니다. 수백 년 동안 말이죠. 통계학자들이 수백만, 수천만 꽤 큰 숫자의 모집단을 임의로 만들어 놓고 여러 가지 방법 및 규모로 표본을 추출해 보면서 실험을 해본 것으로 생각하시면 됩니다. 즉 도대체 몇 개의 표본을 어떤 방식으로 추출했을 때, 전체 모집단의 분포를 얼마나 정확하게 추정할 수 있는지 말이죠. 이들이 끊임없이 반복적으로 실험하고 관찰하고 기록한 결과를 수학적 공식을 이용해 정리한 것이 통계학입니다.

그래서 통계학은 수학이라기보다는 과학적 경험치 또는 과학적 진리 영역 내에 있다고까지 말할 수 있습니다. 다른 실험 결과를 들이대기 전에는 이의를 제기할 수가 없죠. 이런 통계학자들의 노력 끝에, 전문가들은 작은 표본으로도 엄청난 숫자를 가진 모집단의 특성을 정확하게 추정할 수 있게 된 것입니다. 이들이 제시하는 틀릴 수 있는 '오차범위' 등도 이론적으로 만들어 낸 것이 아니라 경험적으로 관찰해서 얻은 값입니다.

4,000만 유권자 중 1,000명을 '적절하게' 추출해 집계하면 거의 대부분의 경우(즉 100번 중 95번 정도는), ±3.1% 이내의 오차 내에서 전체 유권자의 의견을 알아낼 수 있다는 장담 역시 이 같은 과학적 근거에 기반을 둔 것입니다. 그리고 대략 표본이 1,000명일 때 발생하는 3.1% 안팎 정도의 오차라면, 시사나 정치현안에 대한 여론을 파악할 때 큰 문제가 없다고 판단한 것입니다. 간단히 말하면, 여론조사의 표본 수는 조사목적에 맞춰 오차를 보고 결정하는 것입니다.

예를 들면, 코로나 백신 같은 의약품 테스트는 여론조사보다 훨씬 엄중한 잣대를 들이대어야 합니다. 그래서 표본 수도 더 늘려야 할 수 있습니다. 아시다시피 백신 같은 의약품은 대량으로 공급하기 전에 먼저 시제품 중 일정 수의 표본을 추출해 테스트를 해보게 됩니다. 이 경우, 허용오차나 신뢰도가 더 정밀한 기준으로 바뀝니다. 즉 사람의 생명이 달린 만큼 당연히 틀릴 수 있는 오차가 작아지도록 설계해야 하며 이를 위해 표본 수를 늘릴 수 있습니다. 대중매체의 여론조사처럼 '3.1%의 허용오차', 즉 100명 중 3명은 '이 약이 원하는 효과를 얻지 못할 수도 있다.'라고 발표한 후 주사를 맞으라 하는 것은 무책임하게 느껴질 수 있습니다. 실제 목숨이 왔다 갔다 할 때, 백 명 중 세 명은 아주 큰 숫자이지요.

### 표본 크기를 늘린다고 결과가 정확해지진 않는다

앞서 표본 수가 1,000명보다 많아진다 해도 뚜렷이 정확도가 올라가지 않는 대신, 1,000명보다 적어지면 오차가 생각보다 커질 수 있다고 말씀드렸습니다만 그 역시도 일종의 통계적 경험치입니다. 즉 자연현상이므로 실제 누가 해봐도 그렇다는 것입니다.

그렇다면 나라마다 인구수가 다른데도 표본 수가 같은 이유는 뭘까요? 사실 모집단의 크기가 오차에 전혀 영향을 미치지 않는 것은 아닙니다. 다만 대략 모집단이 십만 명, 백만 명 이상이라면 통계적으로 모두

'무한대'로 간주하고 대개 별도의 계산을 하지는 않습니다. 따라서 현실적으로 인구수가 몇 만 명 수준인 작은 나라가 아니라면, 인구가 5천만이든 5억이든 전체 국민의 숫자와 상관없이 약 1,000명의 표본으로 여론조사를 하면 정확한 추정을 하는 데 별문제가 안 생깁니다. 도대체 어떻게 그럴 수 있을까요? 그건 신만 아는 비밀입니다.

그러나 정작 문제는 여기서부터입니다. 앞에서 표본을 추출할 때 생기는 오차의 특성에 대해 설명을 드렸는데 그 핵심은 '늘린 만큼 확실히 정확해진다고 말할 수 없다'입니다. 반면, 표본 수를 늘리면 조사비용만큼은 비례해서 커집니다. 즉 여론조사 표본 수를 세 배로 늘리면 비용이 천만 원에서 삼천만 원으로 거의 세 배가량 증가하게 됩니다. 한 마디로 정확도를 올려보겠다고 표본 수를 올리면 돈은 확실히 더 들지만, 기대효과는 애매해서 가성비 자체가 안 나오게 됩니다.

단순히 비용만이 문제도 아닙니다. 실험실에서와 달리 현실에서는 표본 수를 무턱대고 늘리면 자칫 조사품질이 더 나빠집니다. 만일 조사회사들이 준비해 놓은 조사역량(capacity)에 안 맞게 무턱대고 표본 수를 늘리면 이른바 '비표집오차(non-sampling error)' 오차가 커질 수 있습니다. 과도한 표본 수 늘리기는 표본추출의 과정상에 예상치 못한 문제가 생길 수도 있습니다. 예를 들면 전화 면접을 볼 리스트가 부족할 수도 있습니다. 또 많은 표본을 감당하려다가 충분히 숙련되지 않은 면접원들이 참여하게 되면 이들이 만들어내는 실수 등으로 인해 조사품질이 떨어질 수 있습니다. 즉 표본을 '잘' 뽑아야만 정확한 조사가 되는데, 제대로 표집 또는 면접 자체가 안 되어 품질이 떨어지는 조사결과를 얻게 되는 것입니다.

표본을 늘리는 동시에 좋은 품질을 유지하기 위해 조사기간을 넉넉하게 늘려주면 어떨까요? 말썽이 생기는 경우가 많다고 말할 수 있습니다. 즉 시사 현안을 다루는 여론조사의 경우 가능하면 짧은 시간 내에 조사를 끝내야 합니다. 아무리 많이 걸려도 대략 이삼일 내에는 끝나야 합니다. 새로운 사건이 생기면 여론흐름이 바뀌는 경우가 비일비재하기 때문입니다. 즉 천천히 여유 있게 조사를 하는 도중에 갑자기 새로운 사건이 발생하면 이전에 조사한 것이 무용지물이 되는 것입니다.

## 표본을 얼마나 잘 뽑느냐가 더 중요하다

과거 방송사의 선거 예측을 수행하는 몇몇 조사회사들은 선거예측 노하우를 확보하기 위해 '표본 수'의 적정크기를 찾기 위한 실험을 해보는 경우도 있었습니다. 즉 대략 1,000명만 해도 되지만 일부러 표본을 2,000, 3,000명 더 늘려서 조사를 해보는 것입니다. 물론 동시에 1,000명 표본의 여론조사도 함께 해봅니다. 문제는 표본을 늘렸는데 그냥 천 명으로 할 때보다 부정확한 데이터가 나오기도 한다는 것입니다. 즉 1,000명짜리 조사와 4,000명짜리 조사를 동시에 하고 실제 선거결과와 비교하니 오히려 1,000명 표본의 여론조사 결과가 실제에 근접하더라는 것입니다.

물론 표본이 늘어났기 때문에 결과가 부정확해졌다거나, 적은 표본이 더 정확하다고 말할 수는 없습니다. 다만 현실에 맞지 않게 표본을 무턱대고 늘린 결과 면접진행 과정 등에서 품질관리가 잘 안되어 오히려 비표본오차(non sampling error)가 늘어난 것이라고 볼 수 있습니다. 즉 현실에서는 이 비표본오차를 줄이거나 통제하는 것이 그리 쉽지 않다는 것입니다. 우리가 접하는 여론조사는 학술적 영역에서, 또는 실험실 영역에서 이뤄지는 것이 아니기 때문에 이런 문제를 건너뛸 수 없습니다. 그럼 '평소 면접원도 늘리고 교육도 잘해 제대로 준비하면 되지 않는가?' 라고 물으실 수도 있습니다. 치사한 말이라고 욕할 수도 있지만, 돈이 정말 많이 듭니다. 그리고 그 비용은 클라이언트, 즉 현실에서는 언론사들이 내야 합니다. 공짜는 없는 것이죠.

다시 말해, 지금 언론에서 공표되는 여론조사보다 확실히 더 높은 품질의 여론조사가 불가능한 것은 아닙니다. 대신 조사비용은 두 배, 세 배 이상 늘어나기 마련입니다. 문제는 그렇다고 표집오차라는 것이 존재하는 이상 정확도 자체가 확실히 개선되는 것은 아닙니다.

이제 결론을 말씀드립니다. 언론사에서 공표되는 여론조사는 대략 1,000명 정도면 큰 문제가 없다고 볼 수 있습니다. 즉 여러 나라에서 전문가들이 적절하다고 판단해서 정해진 숫자입니다. 그런데 마지막으로 제가 앞에서 '잘', 또는 '제대로'라는 표현을 누차 강조한 것을 기억하실 겁니다. 이 말의 의미는 정확한 여론조사를 위해서는 표본 수보다는 표본을 잘 뽑는 것이 중요하다는 얘기입니다. 전문가들 입장에서 보면 표본 수는 그리 중요한 문제가 아니지만, 표본추출과 설계 문제는 '아주' 중요합니다.

# 6. 표본추출이 잘돼야 좋은 여론조사

여론조사는 얼마나 많은 사람에게 묻느냐 보다, 누구에게 묻느냐가 더 중요하다고 말할 수 있습니다. 즉 일단 좋은 여론조사가 되기 위해서는 사천만 유권자 중 1,000명을 '잘' 뽑아야만 합니다. 이처럼 설문지에 답해 줄 사람을 잘 선택하는 과정을 '표본추출(sampling)' 또는 '표집'이라고 합니다. 사실 수백만, 수천만에 이르는 큰 모집단의 의견을 1,000명 정도의 적은 숫자를 가지고 알아내는 과정은 단순하지 않습니다. 표본을 추출하는 계획을 짜고 이를 실행하는 과정이야말로 정확한 판단과 다양한 경험, 그리고 때로는 연구자의 양심까지 필요한 전문가의 영역입니다.

## 무작위는 아무렇게나 뽑는다는 말이 아니다
## 핵심은 '얼마나 골고루 뽑을 수 있는가!'

어차피 표본추출을 실행하는 과정 그 자체는 전문가 영역이긴 해도, 여론조사와 관련해 등장하는 '무작위'라는 말의 뜻은 이해하고 넘어가야 합니다. 표집방식은 관련법으로도 표기가 의무화되어 있는 여론조사의 기본 중의 기본이기 때문입니다. 표본을 '잘' 선택하는 방법 중에 가장 많이 알려진 것이 바로 '무작위' 표집입니다. 그런데 이 '무작위'에 대한 오해가 만만치 않습니다. 마치 내 마음대로 아무렇게나 '무작정' 뽑는 것이 무작위인 것처럼 생각될 수 있습니다. 별다른 노력도 없이 말이죠.

그러나 통계학이나 조사방법론상에서 쓰이는 무작위는 일상에서 통용되는 뜻과는 상당히 다른 전문적 개념입니다. 그래서 "무작위로 아무렇게나 뽑은 여론조사를 어떻게 믿냐?"라고 하는 것은 여론조사를 둘러싼 가장 대표적 오해 중 하나입니다. 특히 지식인이나 언론인 등이 이 같은 오해에 근거해 글을 쓰거나 평론을 한다면 그 자체가 오류입니다.

무작위의 뜻을 간단히 설명해 봅니다. 학문적 의미에서의 무작위 표집이란 '모집단의 모든 표본이 뽑힐 확률이 동등한 상태에서 표본을 추출하는 것'입니다. 좀 더 축약하면, 모집단에서 표본을 '완전히 골고루 뽑는 것'이 무작위입니다. 또 '의도하든 의도하지 않든 특정한 표본들이 편향되게 뽑히면 안 된다'는 뜻이기도 합니다.

만일 다른 사람들이 도대체 얼마나 돈을 버는지, 즉 우리 국민의 '소득'을 알아보기 위해 내가 사는 동네의 이웃들이나 우리 집 앞을 지나는 사람을 '아무나' 붙잡고 수입 등을 물어보는 것은 여론조사에서 말하는 무작위와 거리가 있습니다. 물론 말 그대로 설문조사이긴 하겠죠. 그러나 이렇게 조사한 결과를 가지고 '국민소득'이라는 말 자체를 쓸 수가 없습니다. 동네마다 당연히 소득이 다르고, 우리 동네에 살거나 오가는 사람들이 전 국민을 대표한다고 말할 수 없기 때문입니다.

우리 정치에서는 나이나 지역, 직업 등에 따라 정당지지도가 상당한 차이를 보이는 것은 누구나 압니다. 그런데도 맨날 자기와 비슷한 사람들, 즉 '지네들'끼리 모여 대화한 후 "왜 내 주변에는 그 정당을 지지하는 사람이 없는데 여론조사에서는 그렇게 많이 잡히냐"고 반문하는 것은 여론조사 전문가 입장에서는 참 당황스러운 질문입니다.

그런 식으로 내 눈앞에 보이는 사람들의 의견만 들어보거나 나아가 전화 다이얼이 가는 대로 응답대상자를 접촉해 조사한다면 사실상 '무작정'입니다. 그렇게 편한 대로 응답자를 골라 여론조사를 하는 것을 보고 하술용어로는 '편의표집'이라고 합니다. 이런 편의표집 방식은 언론사 등에서 공표하는 공신력을 요구하는 여론조사에는 거의 사용하지 않습니다. 그런 점에서 무작위는 그야말로 '내 마음대로 아무렇게나 하는' 표집의 정반대인 것입니다.

무작위 표집의 엄격한 조건

1) 명확한 모집단

2) 완벽한 추출방식

특히 무작위 표집을 하려면 '모집단'이 명확해야 합니다. 모집단이 명확하다는 것은 그들이 누구이며, 개개인 모두를 세거나 고를 수 있어야 하고, 또 동시에 이들 모두에게 접촉할 방법이 있어야 한다는 것이기도 합니다. 즉 편향되지 않게 여론조사를 하려면 먼저 모집단 전체를 한 자리에 정확히 모아놓고 모든 과정을 시작해야만 합니다. 어떤 사람은 접촉이 가능한데, 어떤 사람은 애초부터 명단에 없으면 무작위와는 거리가 멀어집니다.

만일 길거리에 나가서 백 명을 조사하면 그게 누구일까요? 다들 우리 국민이니까 국민여론조사일까요? 당연히 아닙니다. 이를 정의해 보면 '우리 집 주변의 사람들'일 뿐입니다. 이런 정의로 여론조사를 공표할 수는 없습니다.

'이메일'이나 '인터넷' 등을 활용한 조사방식이 국민여론을 파악하는 공식적 여론조사에 쓰는 것이 논란이 되는 것도 이런 이유 때문입니다. 그렇게 조사하면 모집단이 대략 '내가 이메일 주소를 아는 (주변)사람들'이 됩니다. 국민여론과는 관계가 없죠. 한때 많이 보였던 홈페이지상 '여론조사' 역시 마찬가지로 여론조사로 쓰기 어렵습니다. 그 사이트에 찾아오는 사람들에 대한 정의도 불분명하고, 누군지 리스트를 만들 수 없다면 그 자체가 표본조사로서 의미가 없습니다.

즉 과거에 이메일이나 인터넷으로 여론조사를 하지 않았던 이유는 '모든 국민, 또는 유권자가 빠짐없이 이메일이나 인터넷을 쓰는지, 그리고 쓴다 해도 계층별로 쓰는 빈도나 접근성이 비슷한지 확신이 없었기 때문'입니다. 게다가 앞서도 말했지만 '무작위 표집'을 시도하려면 적어도 전 국민 이메일 주소도 가지고 있어야 합니다. 만일 미래의 어느 날, 모든 유권자가 한 개의 '공식' 이메일을 쓰고 있고, 조사회사들은 모든 국민의 이메일 주소 리스트를 가지고 있다면 가능합니다. 즉 이들 4,000만 유권자의 이메일 명단에서 산술적으로 계산할 수 있는 어떤 원칙에 따라 1,000명을 추출해 조사를 한다면 이른바 '무작위 확률표집'에 의한 전 국민 여론조사가 되는 겁니다.

그러나 현재 그런 명부는 존재하지 않고, 그때 가서도 연령별, 소득별로 이메일이나 인터넷 사용률이 차이가 크다면 이 역시 문제가 됩니다. 자칫 온라인이나 인터넷 환경에 친숙한 사람들의 의견만 과대 반영될 수 있다는 것입니다. 다만 최근 인터넷 사용이 워낙 확산되면서 이 같은 온라인을 경유한 여론조사가 점차 늘어나는데 사실 전문적 토론이나 검증이 필요한 부분입니다.

앞서도 얘기했지만 무작위 표집을 하려면 '모집단', 즉 여론조사의 대상이 되는 모든 사람의 명부를 가지고 있어야 하고 정확한 숫자 등도 알아야 합니다. 나아가 명단에서 표본을 객관적으로 공정히, 편향되지 않게 선택할 수 있어야 합니다.

사실 무작위 표집을 설명하는 가장 좋은 사례는 바로 '추첨통' 방식입니다. 전문용어로는 '단순무작위' 표집입니다. 즉 사천만 유권자의 이름과 주민번호, 연락처 등이 적힌 종이를 아주 큰 통에 넣고 '경찰관의 입회' 하에 '완전히 잘 섞어서' 1,000명의 이름표를 뽑아내는 것입니다. 물론 현실에서 불가능하고 개인정보 보호 차원에서도 말이 안 되는 일이죠.

따라서 과거 여론조사 회사들은 '전화번호부'를 이용해 무작위 표집을 실행했습니다. 당시 전화번호부 추출방식은 나라 안의 모든 가구가 집에 전화기 한 대씩은 가지고 있다는 전제하에서 한 것입니다. 즉 200여 개의 시군구 전화번호부에서 각기 다섯 명씩을 뽑아 1,000명의 표본을 만드는 것입니다. 물론 시군구의 인구수가 각기 다르니 인구센서스 자료를 참고해 지역마다 약간씩 다른 숫자를 추출했습니다.

즉 무작위 표집을 위해서는 명단 먼저 준비한 후 편향 없이 표본을 추출할 구체적 방법이 있어야 합니다. 전체 이름표를 통에 넣어 섞어 뽑거나, 아니면 명단을 들여다보며 번호를 매겨 특정한 원칙이나 차례에 입각해 추출해야 합니다. 만일 지역을 기준으로 추출할 경우, 지도상에서 특정한 가구를 '무작위로' 골라낸 후, 해당 가구에 사는 구성원들을 다시 무작위로 선정해서 면접해야 합니다.

이처럼 무작위 표집이 되려면 누가 뽑힐지 모르는, 또는 누구나 뽑힐 확률이 동등하다고 볼 수 있는 '완벽한 추첨' 방식이 유지되어야 합니다. 이 원칙이 깨지면 이론적으로 무작위라는 '순수고결'한 성질을 잃어버리는 것입니다.

이때 주의할 점은 표본은 '선택되어야 하는 것'이지, 표본 자신이 하겠다고 나서면 안 됩니다. 즉 연구자가 자신의 원칙에 따라, 또는 설계에 따라 표본이 수동적으로 선택되어야만 '무작위 표집'이라는 타이틀을 유지할 수 있습니다. 표본이 '자발적으로' 하겠다고 나서면 그건 이미 제대로 된 여론조사가 아닙니다. 누군가 여론조사 회사에 전화를 걸어 내가 여론조사를 해주겠다고 하고, 여론조사 회사 면접원이 그런 사람을 대상으로 면접을 했다면 그것은 여론조작이나 다를 바 없습니다.

## 무작위 원칙이 모집단을 닮은 표본을 낳는다

이처럼 '무작위'를 강조하는 이유는 명확합니다. 무작위 표집 원칙을 지켜 여론조사를 해야 모집단의 특성과 동질적인 표본이 구성되기 때문입니다. 그 숫자가 적더라도 말이죠.

다시 말해, 무작위 표집을 하게 되면 모집단인 국민 전체의 성, 연령 비율은 물론 직업이나 소득, 학력 등의 분포가 그대로 반영되는 표본을 얻어낼 수 있다는 전제가 만들어집니다. 한국에서 일하는 전체 성인 남녀 중 회사원의 비율이 30%, 자영업자의 비율이 30%라고 쳤을 때 무작위로 '잘' 표집하게 되면 1,000명의 표본에서도 거의 유사한 비율의 직업 구성이 나타나게 되리라는 것입니다.

이처럼 무작위 표집이란 엄격한 학술적 개념입니다. 대신 이러한 무작위 원칙만 잘 지켜 여론조사를 하면 전 국민의 여론을 비교적 잘 반영하는 양질의 결과를 얻어낼 수 있다는 것이죠. 다만 문제가 있다면, 이 무작위 표집이 현실적으로 실행하기가 만만치 않다는 것입니다. 물론 현실 또는 현장에서는 완벽한 수준의 '무작위' 표집방식이 어려우므로, 대체로 무작위 원칙을 유지하기 위한 노력이 다양한 방식으로 대체됩니다.

한 가지 강조할 부분이 있습니다. 요즘 많은 분이 여론조사의 문제점을 지적할 때 끄집어내는 '응답률'과 관련한 것입니다. 뒷부분에서 자세히 설명하겠지만, 응답률은 표집방식과 직간접적으로 연관이 있습니다. 응답률은 엄밀하게 말하면 무작위 표집이어야만 명확한 의미를 가집니다. 결론적으로 말씀드리면 그래서 최근 '응답률'과 관련된 상당한 시비와 비판들이 대체로 타당하지 않거나 애초부터 방향이 잘못되어 있는 경우가 많습니다. 특히 '비확률적 할당표집'을 활용하는 국내 여론조사의 경우, '응답률'을 가지고만 여론조사의 품질을 말하는 것은 좋은 접근이 아닙니다.

# 7. 응답률 말고 가중치 배율을 꼭 봐야 하는 이유

여론조사는 응답자를 잘 선정하는 것이 중요하다고 강조했습니다. 대개 여론조사의 표본을 선택하는 가장 좋은 방법으로는 앞에서 설명해 드렸듯이 '무작위 표집'을 꼽습니다. 이 때 '응답률'은 무작위 표집을 이용한 여론조사의 품질을 판단하는 데 중요한 기준이 됩니다. 다만 모든 여론조사가 무작위 표집을 활용하는 것은 아니므로, 비전문가들에게는 다소 생소한 '가중치 배율'을 꼭 눈여겨봐야 합니다.

## 응답률이 낮으면 편향된 표본이 만들어질 수 있다

요즘 여론조사의 응답률에 주목하는 분들이 많습니다. 그 분들의 주장은 응답률이 낮은 여론조사를 어떻게 믿느냐는 것입니다. 한 가지 질문을 드려봅니다. 응답률이 낮으면 왜 나쁜 여론조사인지 아는 분 있으실까요? 나쁘니까 나쁜 건가요? 낮은 건 다 나빠서인가요? 응답률 개념은 비전문가들에게 생각보다 복잡합니다. 간단히 설명하면, '여론조사를 하기 위해 전화를 걸었을 때, 전화를 받은 사람 중 여론조사에 응하고 끝까지 답한 사람의 비율'입니다. 그런데 실제 계산에서는 애초에 총 몇 개의 전화번호나 사용했는지, 실제 몇 통이나 걸었는지, 전화 받은 사람 중 응답적격자는 몇 명인지 등에 따라 여러 가지 정의가 가능합니다. 현재 미디어에 등장하는 '응답률'과 '접촉률'이라는 개념도 여론조사심의위가 필요해서 재정의한 것입니다. 다만 교과서나 국제적 기준(APPOR 등)에서는 두 가지 모두 '응답률' 틀에서 설명합니다. 이 책에서는 제가 강조하려는 방향에 맞춰 포괄적 '응답률'(즉 여론조사심의위 홈페이지 상의 국제기준인 '응답률× 접촉률') 개념에 준해 설명드립니다.

(참고로 여론조사심의위에서 사용하는 접촉률은 전화를 걸었을 때 받은 사람의 비율입니다. 이때 전화를 받은 사람 중 애초부터 응답적격 대상이 아닌 사람들, 즉 사무실, 지역오류, 할당초과 등인 경우에는 계산에서 빼므로 그 의미는 '응답접격 대상자 중 전화를 받은 사람'의 비율이 됩니다. 반면 '우리식' 응답률은 전화를 받은 사람 중 중간에 끊지 않고 최종적으로 응답을 한 사람들의 비율입니다. 이렇게 되면 응답자가 성실히

게 여론조사에 협조한 정도를 의미하게 됩니다. 최근 ARS조사의 응답률이 너무 낮아 논란이 되기도 합니다.)

아까 드렸던 질문으로 돌아가 보겠습니다. 응답률이 낮으면 문제가 되는 이유는 "어떤 특정한 사람들만 자꾸 응답을 거절하고 있을까 봐."입니다. 즉 특정한 인구사회적 특성을 가진 사람들만 표본에서 자꾸 빠지는 것, 반대로 특정한 성향이나 경향을 가진 사람들만 여론조사에서 계속 포함되면, 표본의 대표성 자체에 문제가 발생하기 때문입니다. 또 다른 말로는 '편향된(biased)' 표본이 만들어질 수 있어서입니다. 이 자리에서 한 가지 지적하고 넘어가고 싶은 것은 이때 '편향된' 표본은 '바이어스(biased)'지 '바이러스(virus)'가 아닙니다. 참고로 '바이러스'라는 말은 통계학이나 조사방법론 원론에는 없는 단어입니다. 바이러스 먹은 여론조사라는 표현은 어색하고 잘못된 표현입니다.

표본을 잘 뽑아야 대표성이 확보된다는 말이 어렴풋이라도 이해가 가시나요? 예를 들어드립니다. 우리나라 여론조사 중 무작위 원칙이 가장 잘 적용되는 여론조사는 이른바 '출구조사'라고 하는 선거예측 방식입니다. 투표소에서 나오는 분들에게 "누구를 지지하셨냐?"라고 묻는 것이죠. 과거 사례를 보면 연세가 많으신 분들이 응답을 거절하는 경향이 있었습니다. "괜히 이런 것 대답해봤자 좋은 일 없다."라는 생각을 하실만

할 때였습니다. 이처럼 나이 든 분들을 중심으로 출구조사 면접의 응답률이 낮아지면 곧 젊은 사람들의 응답은 상대적으로 결과에 많이 반영된다는 얘기가 됩니다. 이것은 예측이라는 측면에서 보통 큰일이 아닙니다. 연령별 정치성향이 다르기 때문입니다. 한마디로 이렇게 되면 최종 예측치에 '고연령층' 의견이 '체계적으로(systemic)' 줄어들고 젊은층의 응답구성비가 커져 결국 예측실패와 직결됩니다.

따라서 응답률이 낮아지는 것의 문제는 정확히 말하면 표본구성이 '편향될까 봐' 문제가 되는 겁니다. 다만 낮은 응답률 자체만으로 그것이 편향된 표본이라고 단정할 수는 없습니다. 그래서 앞서 언급한 언론기사에서도 표본구성이 '체계적으로' 편향되지 않는다면 응답률이 낮은 것 자체가 곧바로 조사의 신뢰성과 직결되지는 않는다고 전문가들이 얘기하는 것입니다. 여기까지의 설명을 들으면 이런 생각이 드실 만합니다. "뭐가 이렇게 복잡하냐? 응답률이 낮은 것은 결국 나쁘다는 것 아닌가?"

## 할당표집 방식에서는 응답률의 의미가 애매해진다

그런데 문제는 우리나라 여론조사 중 상당수가 할당표집 방식이라는 것입니다. 계속 강조했듯이 '무작위 표집'만 잘한다면 모집단의 의견을 잘 반영하는 대표성 있는 여론조사 결과를 얻는다고 볼 수 있습니다. 그런데 무작위 표집을 잘하기가 너무 어렵습니다. 그래서 과거에는 일부 출구조사 등을 제외하면, 미디어에서 공표되는 여론조사 중 진짜 무작위 표집이 사실상 거의 없었다고 봐야 합니다. 최근에는 이동통신사가 제공하는 가상 전화번호 리스트를 받아 무작위표집을 하면서 무작위표집 조사가 활성화되고 있긴 합니다. 그런데도 아직도 할당표집 조사가 많은 이유는 뭘까요?

할당표집이란 정부의 공식 인구통계자료 정보 등을 활용해 특정한 주요변수에 대한 표본할당을 모집단의 비율에 맞게 정하고, 면접(실사) 과정에서 해당 표본 수를 강제로 채우게 함으로써 표본의 대표성을 확보하려는 방식입니다. 할당표집 방식의 여론조사는 현실적으로 조금 더 손쉽게 조사를 진행하면서도 어느 정도 대표성이 있는 표본을 구하는 방법이라고 말할 수 있습니다. 비용도 상대적으로 더 적게 듭니다.

좀 더 설명을 드리겠습니다. 인구통계자료에는 우리나라의 실제 지역별, 성별, 연령별 분포가 나와 있습니다. 할당표집은 여론에 가장 큰 영향을 미친다고 말할 수 있는 인구적 특성, 즉 실제 우리 유권자 전체의 '지역별', '성별', '연령별' 비율을 여론조사의 표본구성에도 일치하도록 표본비율을 강제하는 방식입니다. 만일 인구통계자료에 근거해, 충청북도에 사는 40대 여성의 비율이 전 국민 중 2%라면 1,000명 중 20명을 강제로 할당해 반드시 여론조사 표본 구성에 반영하게 됩니다.

이렇게 할당표집 방식을 여론조사에 이용하게 되면 무작위표집과 같은 엄밀한 표본추출 방식을 쓰지 않아도, 우리나라 국민의 성, 연령, 지역별 특성이 여론조사의 표본구성에 잘 반영됩니다. 그 말은 할당표집에서는 응답률과 관계없이 기본적 대표성이 확보되는 결과가 나타나게 된다는 것입니다.

물론 전체 모집단의 특성에 영향을 미치는 것이 단지 지역, 성, 연령만 있는 것이 아니므로 세 가지 주요변수의 비율만 잘 지킨다고 다는 아닙니다. 어쨌든 응답률이 높으면 혹시라도 존재할 체계적 편향성은 줄어든다고 봐야 하므로 나쁠 것은 없습니다. 그럼에도 할당표집에서는 '응답률'이 가지는 의미가 무작위표집 조사에 비해 상대적으로 퇴색한다고 봐야 합니다.

특히 할당표집 방식의 특성 자체가 응답률(또는 접촉률)을 낮춘다는 점도 기억할 필요가 있습니다. 다시 말해, 할당표집 설계의 여론조사는 좀 더 성실하게 면접을 진행하려 하는 노력이 오히려 응답률을 떨어뜨릴 수 있다는 것입니다. "왜 이리 복잡해?", 또는 "내가 이런 것까지 알아야 하나?"라는 생각이 드실 수도 있습니다. 그러나 이 부분을 빼고서 '응답률'을 얘기하면 응답률을 모르는데 응답률을 얘기하는 것이 됩니다.

할당표집에서는 응답률의 의미가 달라지거나 줄어드는 이유에 대해 좀 더 설명드리겠습니다. 사실 인구특성에 따른 원래의 비례할당량을 강제적으로 확보하는 것, 또는 채우는 것은 생각보다 어렵습니다. 또 이 부분은 조사경비, 즉 '비용'과 직결된 문제이기도 합니다. 즉 할당을 정말 엄격히 다 채우기 위해서는 더 숙련된 일류 면접원을 확보해야 하거나, 또 더 많은 면접원을 배치해야 하는 문제, 또 직원들과 면접원이 연장근무를 해야 하는 현실적 문제들과 직결됩니다.

과거, 면접 과정을 감독하고 통제하는 '실사' 책임자들이 눈물을 뚝뚝 흘리며 항의하던 기억이 납니다. 지금은 여론조사심의위의 규정에도 못 박고 있는 할당목표 달성비율(즉 사실상 '가중치 배율 제한')을 늦은 시간까지 안 풀어줬기 때문입니다. 아무리 전화를 돌려도 특정 조건의 응답자를 찾을 수가 없어 조사가 좀처럼 끝나지를 않으니 면접원들도 화가 날 수밖에 없습니다.

예를 들어 설명해보겠습니다. 만일 특정 조건의 응답자(예를 들면, 전남지역의 20대 남성 비율)에 10명이 표본설계상 할당되면, 연구책임자는 적어도 8개 이상의 실제 사례를 확보하라고도 요구할 수 있습니다, 즉 할당목표인 달성률을 80%까지 올리라고 하면 실사부서에 상당한 부담이 됩니다. 그런데 만일 '절반만 할당을 채우면 된다.' 즉 확보율을 50%로 낮춰주면 실사 부서 및 면접원분들은 환성과 함께 감사의 말이 나오게 됩니다. 조사 진행이 꽤 쉬워지고, 덩달아 비용도 줄어듭니다.

그러나 프로젝트 책임자인 저는 울상이 됩니다. 조사의 품질에 문제가 생길 수 있기 때문입니다. 즉 할당에 대한 목표 달성률을 낮춰준 조사들은 전체 결과가 이상하게 나오는 것을 한두 번 경험한 것이 아니기 때문입니다. 그러나 프로젝트 진행책임자로서도 마냥 고집을 피울 수는 없습니다. 면접원 30명을 집에 못 가게 잡아두고 응답자들이 화낼 만한 시간, 즉 10시를 지나 계속 전화를 돌리게 할 수는 없기 때문입니다. 게다가 언론사 등과 약속한 보고서 제출시간은 시시각각 다가오고 있습니다. 얼마나 괴롭고 난감한지 혹시 공감이 가시나요?

### 할당표집을 제대로 하면 오히려 응답률은 떨어진다

여기서 분명히 아셔야 할 부분은 원래의 할당목표를 채우기 위해 돈과 시간을 소모하면서 품질을 유지하려면 할수록 응답률(또는 접촉률)이 계속 떨어진다는 것입니다. 사실 1시간이면 면접원 30명이 아마 1,000통까지도 전화를 돌릴 수 있을 겁니다. 전화는 누군가 받겠지만, 연령 조건 등이 안 맞아 계속 끊기만 하고 응답은 못 받습니다. 그야말로 한 명, 두 명을 찾느라 응답률은 쭉쭉 떨어지는 겁니다.

이렇게 여론조사에 할당표집 방식을 활용하게 되면, 진행방식을 엄격하게 정하고 더 성실한 조사를 하려고 하면 할수록 응답률은 낮아질 가능성이 높습니다. 왜 제가 할당표집 방식일 때 응답률 낮은 것을 어떻게 해석해야 하는지 난감해하는지 이해가 가실까요? 좀 과장해서 주장하자면 정말 정직하고 성실한 연구자가 만일 할당표집 방식으로 실시하는 여론조사의 품질을 최고까지 끌어올리려고 엄격한 할당충족률을 고집하면 응답률은 그야말로 거의 바닥수준까지 떨어지게 마련입니다.

그래서 현실적으로 할당표집에서 응답률보다 오히려 할당목표 달성률, 즉 '가중치 배율'이 더 중요하다고 봐야 합니다. 할당목표 달성률과 가중치 배율은 평가기준이라는 측면에서 사실상 같은 의미를 가집니다. 즉 가중치 배율이란 원래 표집되어야 할 비율이 면접실사 단계에서 제대로 안 지켜졌을 때, 이것을 전산과정에서 보정하는 작업을 말합니다. 따라서 할당목표 달성률이 낮으면 이것을 보정하기 위한 가중치 배율은 커집니다. 반대로 할당목표를 처음부터 제대로 채운다면 보정할 게 별로 없으니 배율값도 작아집니다.

사실 전문가들은 이 가중치 배율 적용 작업을 할 때 꼭 데이터를 조작하는 것처럼 불편한 느낌을 가지기도 합니다. 즉 할당목표를 엉성하게 채운 후 마치 전산과정을 통해 품질상의 결함을 슬쩍 가리는 덧칠을 한다는 느낌과 비슷합니다. 그런데도 이처럼 여론조사에 가중치 배율을 적용해 온 이유는 표본 내의 특정한 인구특성을 가진 집단이 과대표집 되거나, 과소표집 되면 조사의 품질에 문제가 발생한 것으로 보기 때문입니다. 표본이 편향된 것이 뻔히 보이는데도 그 여론조사를 그대로 공표하는 것이 더 문제가 된다는 것입니다.

예를 들어봅니다. 원래 전 국민 인구 비율상 20대가 15%가 잡혀야 하는데 8%만 잡힌다면 이것은 당연히 문제입니다. 이렇게 되면 해당 조사에서 젊은층 여론이 '체계적으로 누락된' 셈입니다. 실제 조사결과에도 직접 영향을 미치는 경우가 많습니다. 따라서 이를 시정하기 위해, 20대 비율을 전산과정에서 강제로 8%에서 15%로(전체 표본 내 구성비를) 늘려주게 됩니다. 반대로 분명 원래 확보해야 하는 숫자보다 초과해서 표본이 잡힌 쪽(cell)의 비율은 그만큼 줄여주게 됩니다.

## 가중치 배율이 커지면 여론조사의 품질이 나빠질 수 있다

비전문가가 꼭 기억하셔야 하는 부분은 가중치 적용값이 커지면 커질수록 여론조사의 품질이 꽤 나빠질 수 있다는 점입니다. 경험적으로 말입니다. 사실 할당표집이라면 원래부터 할당된 표본 수를 면접과정에서 다 채우는 것이 원칙입니다. 현실에서는 이것이 거의 불가능하지만 분명 최소화하기 위해 노력은 해야 합니다. 할당표집에서 가중치 배율을 낮추기 위해 노력하는 것은 무작위표집에서 골고루 표집하기 위한 노력처럼 매우 중요합니다. 실제 조사 전문가들도 내가 한 조사, 또는 다른 여론조사의 품질에 문제가 있는 것이 아닌지 의심할 때 이 부분을 확인해보기 마련입니다.

앞서 '여론조사심의위' 역시 가중치배율을 여론조사 공표에 대한 허용기준으로 삼고 있습니다. 여론조사심의위의 기준에는 가중치 배율이 0.7~1.5 사이의 비율인 경우에만 공표를 허용하도록 하고 있습니다. 관련 전문가가 아니면 실감하기 어렵지만, 이러한 가중치 배율에 대한 강제적 기준은 조사기관에게 노력과 경비 면에서도 상당한 부담을 주게 됩니다. 참고로 많이들 관심 갖고 지적하시는 '응답률'은 공표허용과 관련 특별한 기준이 없습니다. 접촉률이나 응답률이 조사품질에 미치는 영향을 단정하기가 쉽지 않기 때문이겠죠.

가중치 적용률이 왜 그렇게 중요한 지 한 발만 더 깊이 들어가서 설명해 보겠습니다. 이는 특히 '극단치' 효과와 관련이 있습니다. 즉 원래의 할당을 채우지 못하면, 예를 들면 원래 10명을 확보해야 하는데 겨우 3명만 확보하게 되면 앞서 설명해 드렸듯이 나중에 실사가 끝나고 이 세 명을 '10명'으로 키우는 가중치 적용 작업이 이뤄지게 됩니다(현재 심의위 규정상 이런 배율은 규정위반입니다). 즉 3명 의견이 10명을 대표하게 됩니다. 이것을 예전에는 "뻥튀기"라고도 했습니다. 문제는 대체로 이렇게 작은 수의 표본들은 많은 경우 이해하기 힘든 '엉뚱한' 경향을 보이는 경우가 많습니다. 예를 들면 고연령대에서 매우 진보적 의견이 지배적으로 나타날 수가 있습니다. 따라서 '뻥튀기'(반대로는 쫄이기 정도가 되겠지요.)가 잦거나 커지면 조사결과 전체를 그야말로 불량하게 만들 가능성이 높습니다.

실제 여론조사를 하다 보면 아무리 생각해도 왜 그 응답자가 이런 식으로 답을 했는지 이해가 가지 않는 경우가 있습니다. 즉, 특정한 권역은 지지가 높은 텃밭정당이 있는데, 그 지역에서는 거의 지지하지 않는 정당을 지지하는 것 등을 말합니다. 즉 평균값과는 동떨어진 이상한 응답이 대개 몇 개씩 있기 마련인데, 가중치 적용률이 높은 조사에서는 이런

'엉뚱하고 이상한' 응답들도 함께 과대 반영되는 결과로 이어집니다.

결국 목표할당수를 잘 못 채우게 되면, 대개 전체 조사결과 역시 쉽게 납득이 가지 않는, 즉 뭔가 왜곡된 느낌을 주는 경우가 많습니다. 프로젝트 (연구)책임자들은 할당목표 달성율을 완화시켜 주게 되면(반대로 가중치배율이 커지면) 이 같은 극단치 효과에 의해 전체결과가 왜곡되는 것을 상당히 우려합니다. 이렇게 '튀는' 조사, 즉 다른 회사들의 결과와 비교해 수치나 그 흐름이 영 다른 결과를 공표하게 되면 온갖 군데서 항의가 들어오는 등 그 뒷감당을 해야 하는데 정말 골치가 아픕니다. 전문가들이 응답률은 별로 신경을 안 써도 실제 가중치 배율은 신경 쓰는 이유입니다. 게다가 이제는 법규상의 기준을 반드시 준수해야 하니 더더욱 부담이 커진 것은 말할 것도 없습니다.

쉽게 설명 드리면 이 가중치 배율은 한국의 여론조사 실정상 특히 할당표집을 활용한 여론조사의 품질에 상당한 영향을 줄 수 있으며, 이것을 엄격하게 적용할수록 여론조사회사로서는 곤혹스러워집니다.

### 무작위표집일 때, 응답률은 무엇보다 중요하다

한편, 할당표집과 달리 무작위표집인 경우에는 원칙적으로 응답률이 중요합니다. 즉 무작위 여론조사의 경우에는 응답률(또는 접촉률)을 꼭 확인해 봐야 하며 해당 조사기관의 이전 조사나 다른 조사기관의 수치와도 비교해봐야 합니다. 그러나 대개 무작위표집을 활용한 여론조사는 할당표집보다 응답률이 높게 나타나, 그 수치를 보면 낮다는 생각이 별로 안 드는 경우가 많습니다.

그 이유는 무작위표집의 경우, 대개 응답자 리스트를 가지고 특정한 규칙을 잘 지켜 전화를 걸고 응답을 받기만 하면 되기 때문입니다. 면접 처음부터 까다롭게 응답자의 성, 연령, 거주지역 등을 일일이 따질 필요가 없습니다. 그야말로 무작위 원칙만 잘 지키면 모집단의 특성이 잘 반영되기 때문입니다. 예를 들면, 조사현장(즉, 실사과정)에서는 '숨은그림찾기'나 다를 바 없는, 읍면지역 사는 20대 유권자를 찾아서 헤매지 않아도 되니 면접원도 편하고 응답률도 저절로 올라가는 것입니다. 대신 무작위표집 여론조사인데도 보통의 할당표집 조사만큼 응답률이 낮다면 뭔가 꽤 잘못되었음을 의미하기도 합니다.

그렇다면 무작위표집에서 가중치배율의 의미는 어떨까요? 할당표집에서보다는 그 의미가 덜 중요할 수 있는데, 그래도 확인은 해야 합니다. 여기서 덜 중요하다고 말한 이유는 무작위 표집의 경우에는 가중치 배율이 크지 않을 가능성이 높기 때문입니다. 즉 할당표집에 비해 대세로 표본의 대표성이 이미 상대적으로 잘 반영되어 있어 사후 가중치 값이 커지지 않는다는 의미입니다.

사실 무작위 표집은 애초부터 '할당' 또는 '가중치 배율'이라는 개념과 어울리지는 않습니다. 즉 무작위표집을 잘했다면 어차피 모집단의 구성비율에 근접하게 되어 있다는 것이 무작위 표집 이론의 핵심요지이기 때문입니다. 따라서 정말로 무작위표집 원칙을 잘 지킨 경우, 가중치 적용을 하는 것이 불필요해야 하지만, 현실은 좀 다르고 현재 우리나라에서는 무작위표집의 여론조사에도 가중치 배율 작업이 이뤄지고 있습니다.

이른바 '골고루(무작위)' 원칙만 잘 지키면 모집단과 똑같은 특성의 표본이 만들어져야 하는데 현실적으로 그렇지 않습니다. 무작위로 표본을 추출해도 20대라든지, 상대적으로 밤늦게까지 활동하는 대도시의 직장인 등 특정한 조건의 응답자들의 응답률은 결국 반복적으로 (체계적으로) 낮아져 표본이 편향되기 때문입니다. 무작위표집 방식대로 하면 대표성 있는 표본이 나와야 하는 것은 교과서 내용이고 현실에서는 꼭 그렇지가 않다는 말입니다.

참고로 설명드리면, 출구조사와 같은 '계통무작위표집'을 이용한 여론조사 방식이라면 '응답률'은 정말 중요합니다. 애초부터 표본구성이 잘못되면 전체 예측치에 직접 나쁜 영향을 미칠 수 있습니다. 출구조사의 경우에는 대표성을 사후적으로 보강하는 '가중치 배율' 적용도 바람직한 것만이 아니어서 더 까다롭습니다. 전문적 설명이지만, 선거마다 투표자 특성이 달라 가중치 보정의 기준자료를 무엇으로 할지 정하기 어렵기 때문입니다. 따라서 실제 출구조사를 하는데 특정 연령이나 지역에서의 응답률이 다른 연령이나 지역에 비해 정말 차이가 크다면 그것이 의미하는 바가 작지 않아 반드시 점검해야 하며, 비상상황이 될 수 있습니다.

결론적으로 저도 우리나라 여론조사에 여러 문제들이 있다는 것은 동의하지만 응답률만을 가지고 지나친 논란을 벌이는 것은 번지수가 틀렸다고 말씀드리는 것입니다. 대신, 여론조사 관련 자료를 볼 때는 먼저 표집방식, 즉 무작위 표집인지 할당표집인지를 먼저 확인한 후, 만일 할당표집인 경우에는 '조사완료 사례 수'와 '가중치 배율'을 꼭 확인해 봐야 합니다. 반면, 무작위표집인 경우에는 응답률 또는 접촉률 값을 확인하고, 같은 방식의 무작위 표집조사들과 그 높낮이를 비교해 봐야 합니다. 또 가중치 배율의 경우에도 같은 무작위표집의 여론조사와 비교했을 때 그 값이 확연히 크다면 표집과정에 문제가 있다고 지적할 수 있습니다.

# 8. 조사설계가 달라지면 여론조사 결과도 달라진다

조사설계는 모든 여론조사의 시작점, 즉 첫 단추입니다. 한마디로 여론조사의 기본정보와 제원을 알려줍니다. 따라서 조사설계에는 표본추출 방식, 조사방법 등을 포함, 여론조사의 전반 진행계획이 모두 포함됩니다. 따라서 그 설계가 달라지면, 자연스럽게 '조사결과'까지 달라지게 됩니다. 물론 전체 소요경비도 달라지고요. 좀 더 강조해서 말하면 조사설계가 다른 여론조사는 같은 여론조사가 아닙니다. 이 부분이 사실 비전문가들이나 일반 대중들에게 혼란을 줄 수 있습니다. 즉 여론조사면 같은 여론조사여야지 조사방식에 따라 대통령 지지도가 달라지면 도대체 어떤 것이 진짜라는 것일까요? 도대체 어떤 조사를 믿어야 하는 것일까요?

## 여론조사마다 품질과 수준이 다르다

조사설계를 들여다봐도 그것을 이해하기는 쉽지 않습니다. 최근 여론조사들의 조사설계를 보면 여러 가지 복잡한 용어들이 섞여서 등장합니다. 즉 학교에서 배운 통계학이나 조사방법론만으로도 무슨 말인지 잘 판단이 안섭니다. 그럼에도 불구하고, 여론조사를 이해하고 품질에 대해 말하려면 여론조사의 설계에서 언급하는 내용들이 무엇을 의미하는지 이해하고 넘어가야 합니다. 나아가 어떤 여론조사가 여론조사의 신뢰도와 타당도를 최대로 확보하려는 목표하에서 비용을 아끼지 않은 '고급' 설계인지, 아니면 조사의 편의와 비용 절감만을 생각한 '저가형 실속' 설계인지까지도 판단할 필요가 있습니다.

사실 서로 다른 조사방식 중 어느 것이 정말 좋은 여론조사 결과를 도출하는지를 장담하기가 쉽지 않아 이게 좋다, 나쁘다 식으로 단정 짓지 말자고 할 수 있습니다. 하지만 여론조사심의위의 규정 및 기준에서 알 수 있듯이, 학술적으로나 전문적으로 좋은 여론조사를 위해 핵심원칙을 지키고, 높은 품질을 확보하기 위한 설계는 중요합니다.

최근 여론조사의 설계를 보면 전문가들도 이게 무슨 소리야 할 정도로 표집방식과 조사방식이 서로 뒤엉켜서 표기되는 경우가 많습니다. 일단 자주 쓰이는 대표적 방식들을 예로 들어보겠습니다. '핸드폰(무선)을 이용한 통신사 명부 무작위표집 여론조사', 그리고 '핸드폰과 집 전화를 함께 사용하는 유무선 혼합방식의 (면접원)여론조사', '집 전화 또는 핸드폰 중 한 쪽만을 사용하는 유선 또는 무선 여론조사', 또는 'RDD방식을 활용한 ARS 여론조사' 등이 눈에 띕니다.

이 외에도 종류가 많아 각 방식을 하나하나 암기하듯 이해하시는 것은 번거롭습니다. 표집과 조사방식 등이 '조합'을 이뤄 하나의 조사방식이 되다보니 조사마다 제각기여서 그렇습니다. 일단 눈여겨보셔야 할 몇 가지 포인트만 알려드립니다.

먼저 '무작위표집'이라는 말 먼저 확인해 보십시오. 현재 방송사의 선거예측 출구조사를 제외하면 사실상 '무작위표집'이라는 말이 정확히 들어가 있는 것은 '통신사 명부를 활용한 조사'밖에는 없습니다. 그리고 이 방식이 현재로서는 가장 높은 품질을 가진 여론조사로 봐야 합니다. 즉 그 외의 방식들은 엄밀히 말하면 '무작위표집' 조사가 아니며, 무작위표집 조사와 나머지 조사들은 그 품질의 수준과 격을 달리한다고 생각하셔도 좋습니다. 확인을 하셔서 무작위표집이라고 정확히 표기되어 있지 않으면 특별한 경우가 아니면 모두 할당표집으로 보시면 됩니다. 전문가들은 이런 식의 구별을 싫어하겠지만 무작위표집이면 일단 '고급', 또는 '고

품질' 여론조사로 볼 수 있습니다.

조사설계에서 다음으로 꼭 확인할 것은 집전화와 핸드폰 중 어떤 것을 이용하는지입니다. 대개는 집전화는 유선, 핸드폰은 무선으로 표기됩니다. 앞서 말씀드렸듯이 전 국민에게 핸드폰이 보급되었다고 판단하는 상황에서는 핸드폰 여론조사가 더 높은 품질을 가진 것으로 봅니다. 여론조사심의위가 여론조사에서 가급적이면 '무선조사' 비율을 일정 비율 이상 유지할 것을 권고하고 있는 것도 이런 이유 때문입니다. 반대로 '유선'만 썼다면 이것을 정말 얼마나 믿어야 할지 잠시 생각을 좀 해볼 필요가 있습니다. 뒤에서 다시 설명드리겠습니다.

그 다음으로 보셔야 할 지점은 면접원 조사 방식인지 아니면 ARS(자동응답)조사 방식인지입니다. 물론 면접원이 직접 전화를 해서 응답을 받는 것이 여론조사 방법론상 더 높은 품질의 조사결과를 만들고, 비용도 더 든다고 볼 수 있습니다. 이 부분 역시 뒷부분에서 다시 말씀 드리지만 어느 쪽이 더 정확한지를 둘러싸고, 또는 아예 써서는 된다, 안 된다를 가지고 꽤 격렬한 논란이 있습니다.

한편, 최근에는 무작위표집의 조사를 제외하면 대부분의 여론조사는 컴퓨터가 전화번호를 조합하여 전화를 거는 방식, 즉 RDD(random digit dialing)방식이 자주 쓰이는데, 일단 여기서는 비록 '랜덤(무작위)'이라는 말이 용어 안에 들어 있어도 무작위 표집과 동일한 것은 아니라는 점만 짚고 넘어가겠습니다. 현실적으로 통신사가 제공하는 명부를 활용하는 방식이 아니면, 대개 유선이든 무선이든 전화번호 리스트는 없어 나머지 모든 여론조사에서 이 RDD방식을 쓰고 있는 것이 현실인 상황입니다. RDD의 번호조합 '경우의 수'가 전체 국민(유권자) 명부 크기에 근접한다는 주장도 일리가 있고, 또 할당표집과 가중치배율 적용의 경우 무작위 과정을 둘러싼 의미 자체도 달라지므로 여기서 RDD방식에 대한 문제제기는 건너뛰겠습니다. 다만 RDD에 무작위라는 단어를 덧붙이면서, 표집방식이 할당인지 무작위인지도 알 수 없도록 표기하는 것은 문제라는 생각입니다.

## 통신사 제공 명부를 활용한
## 무작위표집 방식이 갑이다

이제부터 위에서 말한 여론조사의 구별 포인트에 대해 구체적으로 설명드리겠습니다. 현재 여론조사의 대세는 '핸드폰을 통한 여론조사' 방식입니다. 즉 최근 선거 여론조사 등에서는 먼저 무선전화 서비스를 제공하는 이동통신사가 조사기관이 요구하는 조사대상의 조건에 맞춰 휴대전화 리스트를 제공합니다. 물론 조사기관에 휴대전화번호를 제공하는 과정 자체는 여론조사심의위에서 통제합니다. 또 실제 전화번호도 아닌 가상전화 번호이며, 응답자의 개인정보는 삭제됩니다. 또 여론조사기관들은 응답률 등을 고려해 애초 설계한 조사표본 수보다 몇 배 많은 휴대폰 번호 리스트를 받은 후, 이 명단을 가지고 무작위선정 과정을 거쳐 면접을 진행합니다. 이 방식은 교과서적 '무작위 표집' 방식에 가장 가깝고 앞부분에서 자세히 설명했지만 할당표집 방식보다 대개 응답률이 올라갑니다.

물론 그렇다고 약간의 문제들이 없는 것은 아닙니다. 제일 큰 문제는 비용입니다. 보통 천명 조사를 할 경우, 응답률을 감안할 때 그보다 5배, 10배 많은 숫자의 명단을 받아야 되는데(규정상으로는 '최대 30배'까지만 허용) 이때 여론조사기관이 지불해야 하는 비용이 결코 만만치 않습니다. 자칫하면 어지간한 ARS조사 한번 하는 비용이 나올 수도 있습니다. 이와 관련, 약간 트집 잡듯이 껄끄러운 문제를 꺼내자면, 과연 통신사에서 20배수의 명단을 받아 이것을 무작위로 표집하는 것과 10배수의 명단만 받아 표집하는 것이 과연 같은 확률, 또는 같은 품질의 조사일까 하는 문제제기도 가능은 합니다. 다만 논리적으로는 시비할 수는 있지만 현실에서는 거기서 거기일 것이라고는 생각합니다.

과거 휴대폰 전화와 관련한 단골시비는 그렇다면 핸드폰을 쓰지 않는 사람은 어떻게 할 것이냐는 질문이었지만 이제는 그런 지적을 하는 경우가 거의 없습니다. 즉 휴대폰을 안 쓰거나 못 쓰는 분들이 있긴 하겠지만 이제 그 비율이 워낙 낮아 이 부분을 무시한다고 볼 수 있습니다. 휴대폰 조사의 경우에는 통신사별 편향성 문제도 제기됩니다. 즉 각 통신사별로 가입자들의 인구 및 사회경제적 특성이 다를 가능성에 대한 문제제기입니다. 만일 어떤 통신사의 경우 젊은층과 중간 이하의 소득계층 비율이 더 많을 수 있습니다. 또 다른 통신사는 고연령층과 중간소득 이상의 소득계층 비율이 많을 수도 있습니다. 결국 명부 자체에 어떤 특성이 있다면, 표본의 체계적 편향 가능성을 의미하게 됩니다. 조사기관들은 이러한 편향성을 피하거나 완화하기 위해, 통신시장의 가입자 특성을 감안해 복수의 통신사로부터 핸드폰 리스트를 받기도 합니다.

또 다른 문제는 휴대폰을 가입한 주소지 또는 요금청구지 문제입니다. 즉 이동통신사가 특정 지역의 핸드폰 번호라고 넘겨주긴 하는데, 과연 그 번호 모두가 실제 그 지역 거주자들의 핸드폰이 맞냐는 것입니다. 만일 출가한 자식들이 부모님을 위해 대도시에서 휴대폰을 가입하고 요금청구지도 자신의 주소로 할 경우, 시골에서 부모님이 쓰고 계시는 해당 전화번호는 대도시 무선전화 이용자로 분류되어 조사기관에 제공된다는 것입니다. 워낙 모집단의 규모가 큰 전 국민 여론조사야 별 문제가 아니지만, 모집단 크기가 작은 국회의원 선거구나 기초단체 여론조사의 경우 문제가 될 수 있습니다. 실제 최근 기초단체의 여론조사에서 결과를 조작하기 위해 핸드폰 요금청구 주소지를 옮겨서 문제가 된 경우가 있었습니다.

이 외에도 전문가들이 토론할 문제이긴 하나 '무작위 표본'에 대한 가중치 배율 적용의 적정성 문제나 이중표본추출에 따른 표집오차 계산 문제 등도 제기할 수는 있습니다. 또 집이 아닌 직장에서 응답하는 정치 관련 여론조사의 적절성에 대한 문제제기도 있을 수 있지요. 그럼에도 불구하고 지금으로서는 통신사의 핸드폰 리스트를 활용한 핸드폰 조사보다 대표성을 더 적절하게 확보할 수 있는 여론조사 방식은 없는 것 같습니다. 실제 선거결과와 비교할 때, 정확도 면에서 '경험적으로' 가장 뛰어나다는 평가를 받기도 합니다.

## 모든 조사를 무작위표집으로 할 필요는 없다

앞에서도 말씀드렸지만 표집방식은 무작위만 있는 것이 아닙니다. 그럼에도 불구하고 어쩔 수 없이 다시 한번 설명 드릴 부분은 과연 좋은 표집방법은 무엇이냐 하는 것입니다. 앞서 최고의 품질을 보장한다는 무선전화를 이용한 무작위표집 조사만을 여론조사 방법으로 사용해야 하는 것인까요? 만일 할당표집 조사가 무작위표집 조사보다 품질이 떨어진다면 오차가 얼마나 커진다는 것일까요? 이에 대한 토론은 당장 말로만 가능한 것이 아니고 실험이나 검증까지 해야 결판이 나는 문제이므로 제가 지금 결론을 말씀드리기는 어렵습니다. 다만 할당표집의 현실적 특성과 장단점을 설명드리겠습니다.

다른 편에서도 설명해 드렸지만 여전히 우리나라의 여론조사는 성, 연령, 지역별 비율을 국민 전체 모집단의 비율과 동등하게 맞춘 '할당표집'을 활용하는 경우가 많습니다. 만일 실사 과정에서 할당에 맞춰 (무작위 절차 없이) 조사표본을 채우는 과정을 거쳤다면, 그것은 어떤 경우든 무작위 표집이 아닌 '할당표집'이라고 말하는 것이 타당합니다. 유선이든 무선이든, 아니면, RDD방식을 내세우든 모두 마찬가지입니다.

그냥 '제일 좋다는' 무작위 표집을 항상 활용하면 된다고 생각할 수 있지만, 간단한 문제가 아닙니다. 조사진행 상의 어려움도 있고 비용의 문제도 걸려 있어 결국 여론조사 자체가 위축될 가능성도 있습니다.

다시 한번 말씀드리지만, 무작위 표집을 하는 것은 생각보다 쉬운 일이 아닙니다. 앞부분에서 통신사 제공 무선전화 명부를 쓰고 있어서 무작위표집이 증가하는 추세라고 말씀드렸습니다. 그럼에도 불구하고 현재 우리나라 조사기관들이 현실적으로 엄격한 의미의 무작위 표집을 하는 일은 쉽지가 않습니다.

현실적으로 무작위표집을 강조하면 생기는 또 다른 문제도 있습니다. 이것은 통신사 제공 명부를 활용한 무작위 표집방식과도 연관이 있습니다. 바로 '재통화 시도' 규칙입니다. 만일 특정한 규칙에 의해 응답대상자로 선택된 사람이 핸드폰을 받지 않으면 어떻게 되는 걸까요? 원칙적으로 말하면 재통화 시도를 해야 합니다. 이 부분을 건너뛰면 무작위표집을 했는데도 모집단의 특성이 최대한 반영되지 않고 편향될 가능성이 높아져, 결국 사후 가중치 배율 적용 등의 후속 문제를 발생시킵니다.

그러나 현실에서는 선정된 응답 대상자를 마냥 기다리거나 다시 통화하기가 쉽지 않습니다. 보통 외국에서는 이른바 '3회 재통화 시도(3 call back)'를 하는 경우도 꽤 있습니다. 즉 3번까지는 표본으로 선택된 응답자에게 다시 전화를 하지만, 그래도 통화에 실패하면 다른 응답자로 대체하는 것입니다. 이 부분은 교과서적으로 중요한 원칙이긴 한데, 경험적으로 (실제 선거결과와 맞춰볼 경우) 재통화 시도 여부에 따른 값의 차이가 유의미한 수준인지 검증하고 토론해 봐야 합니다. 이처럼 원래 무작위 조사설계에는 재통화 시도에 대한 규칙 및 대체표본 선정의 원칙 등이 모두 포함되어야 합니다.

반면 할당표집의 경우, 이처럼 복잡다단한 무작위표집과 달리, 위에서 설명한 면접진행 과정에서의 까다롭고 엄격한 규칙 등에서 비교적 자유롭습니다. 즉 그렇게까지 까다롭게 조사를 하지 않아도 상당한 수준의 대표성을 확보할 수 있다는 전제를 가지고 진행되는 것입니다. 만일 할당표집 여론조사만으로 나름대로 의미 있는 결과를 얻어 활용할 수 있다면 무작위만을 고집할 일은 아닙니다. 무작위표집이 실험실에서는 마치 완전무결한 것 같지만 현실에서는 그 정도는 아닙니다.

다만 할당표집은 이른바 '비확률 표집'이기 때문에 응답률은 물론 표집오차까지도 그 의미가 달라지지만 여기서 그 논의는 생략하겠습니다. 중요한 부분이긴 한데 전문가들끼리 할 얘기 같습니다.

## 유선전화와 무선전화의 구성비율이 여론조사 결과를 바꾼다

표집방식이 무작위냐, 할당표집이냐가 중요하기는 한데, 그것만 조사 결과를 다르게 만드는 것은 아닙니다.

최근에 와서 가장 자주 볼 수 있는 여론조사 방식 중 하나는 바로 유무선 혼합방식입니다. 어차피 할당표집이라면 조사가 끝나고 나면 일정 수준 대표성은 확보된다고는 봅니다. 그러나 유무선을 서로 몇 %의 비율로 전체 표본을 구성할지는 또 다른 문제입니다. 문제가 되는 이유는 유무선 전화의 비율에 따라 조사결과가 달라지기 때문입니다. 과거와 같이 집전화 만을 사용하면 고연령, 저소득, 자영업자의 비율이 표본에서 늘어나고, 무선전화를 활용하면 젊은 직장인들의 비율이 늘어날 수 있습니다. 이 두 집단의 정치적 지지특성은 일반적으로 다르다고 보기 때문에 결국 유무선 전화의 비율 그 자체가 조사결과에 영향을 미칠 수 있게 되는 겁니다. 물론 굳이 따지면 이 비율을 통해 어느 정도 특정 정파에 유리한 조사결과를 설계할 수 있다는 뜻이 되기도 합니다.

특히 최근에는 '유선', 즉 집전화로 여론조사를 하는 것에 대한 우려가 많습니다. 유선전화를 사용하는 가구수 자체가 줄었기 때문입니다. 실제 여론조사심의위에서도 가급적 무선전화, 즉 '핸드폰'으로 조사하는 비율을 높게 확보할 것을 요구하고 있습니다. 우리나라 사람들의 라이프스타일이 이제 너무 바뀌어, 집전화만으로 여론조사를 하면 애초부터 편향된다는 주장을 할 수가 있게 되었습니다.

현재 2천만 가구에 이르는 우리나라의 가구 중 유선전화를 쓰는 비율은 대략 절반 정도라고 합니다. 이때 '절반'이라는 수량 그 자체가 문제가 아닙니다. 문제는 유선전화 사용자들이 라이프스타일 상 어떤 특징을 가진다면, 응답자의 성향을 편향되게 만들 수 있습니다. 즉 유선전화를 집에 두는 가구는 연령이나 직업, 또는 가주규모에서 유선전화가 없는 시람들과 인구사회적 특성이 구분된다는 것입니다. 대도시에 거주하는 젊은층이나 1인 가구의 경우 집전화를 좀처럼 가입하지 않는 만큼, 유선전화로 여론조사를 하면 이들은 다 빠지는 결과가 나타나 조사결과가 편향될 수밖에 없다는 것입니다.

물론 최근 조사기관들이 유선비율을 대개 10% 아래로 쓰므로 큰 문제가 아니라고 말할 수는 있습니다. 그럼에도 불구하고 무선전화를 더 많이 쓰라고는 하는데, 얼마나 써야지 정확한 것인지, 또 적절한 것인지에 대한 기준이 불분명한 문제가 있습니다. 또 유무선 구성비가 각기 다른 여론조사 간에 조사결과를 비교하는 것도 문제가 될 수 있습니다. 예를 들자면, 여론조사를 읽는 사람들이 이 조사는 무선전화번호가 많이 쓰였으니 좀 더 진보적이겠구나, 아니면 이 조사는 유선전화가 많이 쓰였으니 보수적이겠구나 하면서 어림짐작하면서 판단해야 하는 바람직하지 못한 상황이 벌어지는 것입니다.

게다가 다소 현학적 수준에서 말씀드리면 집전화 번호와 휴대전화 번호를 섞어서 사용하는 것 자체가 자칫 학술적 관점에서는 문제가 될 수 있습니다. 집 전화번호란 애초부터 표집 단위(sampling unit)가 '가구(household)'이고, 휴대폰 번호는 '개인'이 표집단위이기 때문입니다. 즉 "표본추출단위가 다른 명부를 섞어서 쓰다니 너 돌았냐?"라는 말이 교실에서는 가능합니다. 현실에서 선거나 정치 여론조사에서는 어차피 전화를 받은 모든 사람을 개인으로 간주해서 지지도 질문을 하는 것이 큰 문제가 아니라고 말할 수는 있습니다. 또 할당표집에다가 사후 가중치 보정까지 하니 실제 큰 문제는 없겠죠. 그러나 원칙적으로 집전화는 가구베이스이므로 만일 신문 또는 넷플릭스나 디즈니 등의 '미디어 구독행태' 등 가구단위의 특성을 조사하는 질문을 함께 넣을 경우 오류가 됩니다. 이런 이야기들이 비전문가에게는 다소 낯설겠지만, 조사전문가들끼리는 얼굴 붉히며 논쟁할 수도 있는 문제입니다.

## 면접원 조사 VS. ARS조사?
## 애초에 비교 대상이 아니다!

무작위표집과 할당표집, 그리고 유선전화와 무선전화의 혼합비율 등에 따라 조사결과가 달라진다고 말씀드렸습니다. 그런데 현실에서는 면접원조사방식인지 ARS조사인지가 조사결과의 차이를 만드는 가장 큰 원인이 될 수 있습니다. 실제 이를 둘러싼 논쟁이나 갈등도 조사업계 내에서도 상당히 크고 예민한 부분이어서 얘기하기가 조심스럽습니다.

일단 결론부터 말씀을 드리면, 모든 논의를 떠나 두 가지 여론조사 방식은 애초부터 조사결과가 서로 다를 수밖에 없으므로 서로 비교하면 안 됩니다. 조사방식에 의한 차이가 애초부터 예상되므로, 왜 결과가 서로 다르냐고 따지는 것 자체가 말이 안 됩니다. 개인적으로 모든 여론조사의 기사 제목에 면접원방식인지 ARS조사인지를 표기해야 한다고도 생각합니다. 참고로 조사설계 부분에 '전화조사'라고만 표기되어 있으면 면접원 전화조사 방식일 가능성이 높습니다.

아시다시피 면접원 조사방식은 집전화나 무선전화로 면접원이 직접 전화를 해서 응답을 받습니다. 면접원 조사방식의 장점 중 첫 번째는 남녀, 그리고 연령대 등을 어느 정도 확인할 수 있다는 것입니다. 또 여론조사에 상대적으로 적극적이지 않은 응답자를 설득해 응답을 받을 수도 있고, 설문내용을 잘 이해하지 못하거나 알아듣지 못하는 응답자, 또는 특정한 질문에 대한 대답에 소극적인 응답자를 설득해 응답을 받아내므로 전체 조사의 품질을 높일 수 있습니다. 또 이에 따라 접촉률이나 응답률을 올리고 가중치 배율은 줄이는 효과도 생깁니다.

반대로 ARS조사는 미리 녹음해 둔 질문을 기계를 돌려 조사하는 방식이므로 위에서 말한 면접원 조사방식의 장점은 기대하기 어렵습니다. 즉 전체적으로 조사의 품질이 저하되는 것을 피하기 어렵습니다. ARS조사의 가장 큰 장점은 비용인데 실제 전화조사 비용의 절반 수준입니다. 따라서 주로 특정한 긴급현안이 발생하거나 아니면 주기적으로 자주 여론조사를 할 경우 ARS조사를 활용하는 경우가 많습니다.

또 ARS조사 방식의 경우, 장점으로 내세우는 또 다른 논리는 면접원 조사보다 '선거결과를 더 잘 반영한다'는 것입니다. 즉 면접원 조사 방식처럼 응답을 적극적으로 받아내지 않기 때문에, 오히려 애초부터 '정치무관심층'을 여론조사에서 걸러내므로 진짜 '여론'을 보여주기에 유용한다는 것입니다. 즉 ARS조사가 응답률이 낮은 것은 단점만이 아니라, 반대로 정치에 대해 관심이 많고 선거 때 투표하는 사람을 골라내는 등 장점이 될 수 있다는 얘기입니다.

이 같은 주장을 현실에서는 일정 수준 내세울 수는 있지만, 조사방법론 등 학술적 차원에서는 수용하기는 어렵습니다. 사실상 궤변이구요. 즉 표본설계라는 관점에서 보면, 조사방식 자체가 모집단 중 어떤 집단을 걸러낸다는 주장을 하는 것 자체가 오류가 됩니다. 즉 여론조사의 모집단은 논리적으로 항상 전 국민이어야 합니다. 따라서 여론조사에서는 일단 정치관심층이든 무관심층이든 모두 포함되도록 설계되어야 하며, 만일 정치관심층이나 투표참여 예상자의 의견이 따로 필요한 경우, 특정한 질문이나 분석을 통해 태도나 행동을 구분하는 방식을 써야 합니다.

따라서 여론조사에 애당초부터 정치 무관심층의 여론이 배제되는 것을 특성이자 장점으로 내세우게 되면 모집단의 정의 자체가 전 국민이 아니라 '우리 유권자 중 정치에 관심이 많고 투표하러 나갈 가능성이 높은 정치고관여층'이 되어 버립니다. 그리고 이것은 유권자들의 '여론' 자체를 처음부터 왜곡해서 공표하는 셈이 됩니다. 투표를 하든 안 하든 정치에 관심이 있든 없든 '여론'은 모든 유권자의 여론 그 자체를 보여줘야 한다는 의미입니다.

ARS조사를 정당이나 후보 등이 선거전략이나 판세분석을 위해 활용하는 것은 당연히 문제가 되지 않습니다. 그러나 언론사 등에서 실시하는 사회적 현안이나 정책방향 등을 묻는 여론조사에 ARS를 쓰고 공표하는 것은 문제의 여지가 있습니다. 한 발 더 나아가, 만일 ARS조사의 이런 특성을 활용해 특정 정파나 정당의 후보에 유리한 조사결과를 의도한다면 그 자체가 조작이라는 비난을 받을 수 있습니다.

여기서 면접원 조사방식과 ARS조사 방식의 문제를 본격적으로 시시비비를 가릴 수는 없으므로 적어도 한 가지만 기억해 두시면 좋겠습니다. 면접원 조사방식과 ARS조사 방식은 설계의 특성 자체가 표본구성의 차이를 가져오므로, 애초부터 서로 비교 분석하지 말아야 합니다. 즉, '대통령 지지도'를 말할 때도 면접원 조사방식에서는 이렇게 나오고, ARS조사 방식에서는 이렇게 나왔다고 얘기해야 합니다. 동시에, 만일 유, 무선 전화를 이용한 할당표집의 조사라면, '통신사 제공 명부를 활용한 무작위

표집의 면접원 조사방식'을 기준으로 나머지 여론조사 결과들을 비교해서 보여주는 것도 방법입니다.

## 여론조사의 설계방식은 각양각색이다

앞서 표집방식과 조사방식 등에 따라 조사결과가 달라질 수 있다는 설명을 드렸습니다. 실제 조사회사에서 사용하는 표집 및 조사방식은 이보다도 훨씬 다양합니다. 다만 어떤 방식을 썼느냐에 따라 다른 결과가 나올 수밖에 없으므로, 조사설계에 따른 주요한 특성들은 어느 정도 이해하는 것이 필요합니다. 즉 '조사전문가스러운' 주장을 하자면, "왜 여론조사가 이렇게 서로 다르냐?"고 지적할 때는, 조사설계가 거의 똑같은데도 결과의 차이가 클 때만 그렇게 얘기하셔야 합니다.

여러 가지 조사방식들, 그리고 장단점, 어떤 여론조사가 더 낫다는 꽤 예민한 얘기를 늘어놨습니다. 다만 여론조사는 그 목적이나 현실적 비용 등을 감안해 워낙 다양한 방식으로 할 수 있는 겁니다.

예를 들면, 미국 등 선진국에서는 엄청난 비용을 쏟아 만드는 이른바 '패널' 조사방식을 쓰기도 합니다. 전문가들은 잘 아시겠지만, 이 패널 조사는 애초부터 기존 인구 · 사회 · 경제 지표 등을 기초로 해서 '마스터샘플'이라는 틀을 거쳐 특정한 표본구성을 하는 방식이고, 그렇게 되면 애초부터 응답률이고 접촉률과 같은 개념은 없는 비확률 표집 방식입니다.

개인적으로도 유럽 일부 선진국들의 조사전문가들이 정치사회 여론을 추적하는 '패널'을 대단위로 구축해서, '특정한 인구, 사회, 경제적 조건을 가진' 한 개인이 어떻게 자신의 정치적 성향을 바꾸는지를 추적할 수 있는 패널 조사결과를 설명하는 것을 보고 참 부러웠습니다. 저 역시 그런 정치패널 조사를 구축해서 해보는 것이 나름 꿈인데 아직도 실현은 못 했습니다.

결론적으로 조사방법론 상에는 정말 여러 가지 형태의 여론조사 즉 서베이 방식이 있을 수 있습니다. 확률표집이든 비확률표집이든, 또 주변 사람 아무나 골라서 하는 편의표집이든 내가 중요하다고 생각하는 사람만을 골라서 하는 판단표집이든 모두 여론조사의 표집방식들 중 하나입니다. 중요한 것은 각 나라의 상황과 특성을 고려한, 그리고 모집단의 특성을 정확히 잡아낼 수 있는 여론조사 표집방식을 발전시켜 나갈 수밖에 없다는 것입니다.

사실 과거 우리나라는 원래 의미의 무작위 표집에 걸림돌이 많습니다. 전화번호부를 이용해 집 전화로 여론조사를 하는 것의 가장 큰 문제는 당시 이사율이 높아 리스트에 문제가 있었을 뿐더러, 많은 사람들의 귀가시간이 늦어 제대로 된 무작위 표집이 쉽지가 않았습니다. 또 대도시

인구집중도 무작위 표집을 어렵게 만든 이유 중 하나입니다. 읍면지역의 경우, 어지간한 수준의 샘플규모로는 모집단의 인구사회적 특성 비율을 확보할 수가 없었습니다. 일부 주요국가에서도 무작위원칙을 일정 수준 이상 지키지 못할 때, '준무작위(semi random)'이라고 부르는 여러 가지 타협방식을 쓰기도 합니다.

물론 확실한 것은 '무작위' 또는 '확률표집'이어야 통계학이 가지는 엄청난 경험과학의 힘이 뒷받침된다는 것은 사실입니다. 다만 통계학이 보증하는 눈부신 '공신력'이 탐난다고 해서 모든 여론조사가 무작위 표집일 수도 없고, 그게 현실에서 언제나 최선이라고 생각하지도 않습니다. 그러나 일단 보기 좋다고 '무작위' 라벨을 아무 여론조사에서나 가져다 붙이는 것도 잘못된 것입니다. 또 이후 토론을 거쳐, '무작위 여론조사'를 전제로 만든 여론조사 관련법이나 규칙 등도 수정이 필요하기도 합니다.

# 9. '95% 신뢰수준에서 ±3.1%P', 그 뜻을 모른다면

적정한 표본 수를 가지고 표집까지 '잘'한다면 모든 여론조사는 정확할까요? 아닙니다. 제대로 여론조사를 해도 언제나 '오차'가 발생합니다. 특히 그중에서도 '표집오차'는 노력으로 줄일 수 있는 것이 아닙니다. 표집오차에 대한 이해를 통해 여론조사 전반에 대한 이해가 생기는 만큼 이를 알고 넘어가야 합니다. 미디어에서 표집오차를 빼놓지 않고 알려주는 것은 이유가 있습니다.

## 대통령지지도 '50%'일 때
## '최대허용오차가 ±3.1%'라면
## 국민의 '46.9~53.1%'가 지지하고 있다는 뜻!

여론조사 관련 보도를 읽거나 볼 때면 빠지지 않고 등장하는 것이 표집오차입니다. 예를 들면, "이 조사의 최대허용오차는 95% 신뢰구간에서 ±3.1%P입니다(N=1,000)" 등이 가장 자주 듣는 설명입니다. 사실 이 말에 신경 쓰는 사람은 거의 없습니다. 또 전문가가 아니라면 제대로 이 의미를 아는 사람도 많지 않습니다. 도대체 대중매체들이 비싸고 아까운 시간, 또는 지면을 할애해 이걸 불러주는 이유가 뭘까요? 반대로 이걸 일러주지 않으면 어떻게 되는 걸까요? 큰일이라도 나는 건가요?

굳이 단언해서 말씀을 드리면 여러모로 큰일이 납니다. 당장 언론매체와 조사회사의 경우에는 안 알려주면 법 위반입니다. 또 여론조사를 읽고 얘기하는 분들도 이 의미를 모른다면 '모르면 말을 하지 마.'라는 얘기를 들어도 할 말이 없습니다. 무엇보다 여론조사 결과라고 당신이 보고 있는 바로 그 숫자는 그 숫자가 아닙니다. 표본오차 값을 알아야 여론조사에서 나오는 숫자의 의미를 이해합니다. 또 표집오차를 통해 이 여론조사를 얼마나 믿어야 할지를 판단하는 것입니다. 뉴스 진행자가 간혹 더듬거리며 불러주는 이 숫자는 큰 비밀을 가지고 있습니다. 모든 것이

'완벽하다'고 가정했을 때도 이 여론조사가 얼마나 틀릴 수 있는지 알려주는 것입니다.

간단히 설명을 드리면 앞에서 예를 든 "위아래(±) 3.1%P 범위 내에서 100번 중 95번은 정확하다."라는 것은 일종의 직역입니다. 단, 이 같은 오차범위는 표본이 1,000명 때에 해당되며, 표본 수가 달라지면 이 표집오차도 바로 달라집니다. 다만 이 장에서의 모든 설명과 예는 '표본 수 1,000명의 무작위 확률표집' 여론조사를 가정하고 말씀드리겠습니다.

제가 드린 설명은 얼핏 이해가 되는 것 같지만, 가만히 생각하면 무슨 말인지 알 수 없기 마련입니다. 하나씩 풀어나가 보겠습니다. 먼저, '최대허용오차가 ±3.1%P'라고 알려준다는 것은 여론조사 결과를 가리키는 모든 숫자가 '구간' 또는 '범위'를 가진다는 것을 의미합니다. 만일 대통령 후보 A의 지지도가 50%라고 발표된다면 그건 애초부터 대통령 지지도를 "46.9%~53.1%" 사이에 있다고 이해하셔야 된다는 얘기입니다.

따라서 만일 후보 A의 지지도가 40%, 후보 B의 지지도가 30%라면 그냥 10%P 앞선다고 생각하시면 안 되는 것이죠. 뉴스진행자가 표집오차를 빼놓고 보도했다면 모를까, 얘기를 분명히 해줬다면 여러분은 애초부터 후보 A의 지지도는 36.9~43.1% 사이이고, 후보 B의 지지도는

26.9~33.1% 사이에 있다고 이해하셔야 합니다. 점 하나 안 찍어도 틀린 답이 되는 괴로웠던 산수 분위기 기억하시죠?

사실 여기까지 들으시면 뭐 별것도 아닐 수 있습니다. 그러나 이걸 제대로 이해 못 하고 잘못 글이라도 남기게 되면 그 자체가 오류가 되고 조작이 될 수도 있습니다. 예를 들어 어떤 선거와 관련한 여론조사(1,000명 기준)에서, 만일 후보들 간의 격차가 3.1%P 이내라면 그것을 격차가 있다고 말해서는 안 됩니다.

좀 더 설명을 드리면, 후보 A의 지지도가 38%이고 후보 B의 지지도가 36%면 어떨까요? 이것을 제대로 읽으면 후보 A의 지지도는 38±3.1%P(즉 34.9%~41.1%)이고, 후보 B의 지지도는 36±3.1%P(즉, 32.9~39.1%)로 읽어야만 합니다. 문제는 실제 A후보의 지지도는 겉으로 드러난 수치와 달리, 통계적 오차가 허용하는 범위 내에서 최저치인 34.9%일 수도 있고, B후보의 지지도는 도리어 최대치인 39.1%일 수도 있다는 얘기입니다. 이렇게 읽으면 승패가 달라질 수 있죠.

즉 3.1%P의 오차범위를 벗어난 차이에 대해서는 A후보가 B후보를 앞선다고 얘기할 수 있지만 그렇지 않고 두 후보 간의 차이가 3.1%P 이내라면 '비슷하다', 또는 '박빙'이라고 읽고 해석하고 말해야 합니다. 최근에는 언론기사도 만일 두 후보의 격차가 오차범위 이내에 있는데도 이것을 누가 앞선다고 하면 비판받거나 경고를 받습니다. 물론 독자의 경우에도 그렇게 읽고 쓰지 않으면 오류가 됩니다. 또 그 같은 '잘못 읽기'에 의도가 있다면 조작이 되는 것이고요.

## 모든 여론조사는 모집단의 분포,
## 즉 '모수'를 추정하기 위한 작업이다

이제 중요한 말씀을 해드리겠습니다. 여론조사의 시작점에 관한 얘기입니다. 위에서 "3.1%P 내에서 정확하다"고 했는데, 뭘 기준으로 정확하다는 얘기일까요? 정확한 대통령 지지도가 어딘가에 '답'으로 적혀 있기라도 한 건가요? '모수(parameter)'와 '표본(sample)'에 대한 얘기인데, 이것에 대한 개념이 안 잡혀 있으면 여론조사에 대해 모르는 것이라고 말씀드리고 싶습니다.

앞서 '정확하다'는 것의 기준은 대통령이 일을 잘했는지를 국민 모두에게 '빠짐없이 직접' 질문해서 얻는 '지지도'를 말합니다. 물론 이것은 현실에서 불가능합니다. 통계청이 작정하고 전국에 조사원을 보내 모든 국민에게 대통령 지지도를 물어본다면 논리적으로 가능하긴 합니다만 현실적인 얘기가 아닙니다.

이처럼 분명 존재하지만 실제 얻기는 어려운 모집단의 '진짜' 숫자, 이것을 통계학에서는 '모수(parameter)'라고 합니다. 예를 들면 지금 현재 우리 국민 전체의 통장에 얼마가 들어있는지 평균값을 내는 것도 비슷합니다. 분명히 존재하는 숫자이지만 그걸 실제 알아내고 계산할 방법은 없습니다. 0.1초 사이에도 돈은 계속 들어오고, 나가고 있을 테니까 말이죠. 그런데 국민 1,000명을 상대로 제대로 표본을 뽑아 조사하면 대체로 3.1%P 범위 내에서 우리 국민의 실시간 통장잔고를 추정할 수 있다는 것입니다. 누가 이런 주장을 할까요? 바로 통계학자들이 오랜 시간 동안 계속 실험하고 관찰한 결과 그게 가능하다는 것을 밝혀낸 것입니다. 실제 조사기관들이 많지 않은 표본으로 대통령 선거를 1~2%P 이내로 예측하는 것도 바로 이러한 통계학이 이뤄낸 지식의 업적에 의한 것입니다.

한 가지 더 말씀드리면 어떤 수치를 알기 위해 모집단 전체 구성원을 제대로 다 조사했다면 표집오차라는 것은 애초부터 존재하지 않습니다. 통계청의 인구 총 조사도 그래서 표집오차가 없습니다. 어렴풋이 느낌이 오시는 것으로 충분합니다.

### 여론조사에는 언제나 오차가 있다

꼭 아셔야 할 것이 더 있습니다. 조금 이상하게 들릴 수 있긴 합니다.

앞서 말씀드릴 때 100번 중 95번은 정확하다는 이 표현이 바로 해당 여론조사의 신뢰수준, 또는 신뢰구간의 수준입니다. 그런데 어떠세요? 어떤 전문가의 예측이 100번 중 95번 맞는다면 신뢰할 만하십니까? 사실 이 말을 뒤집으면 100번 중 5번은 표집오차 범위를 벗어나 꽤 틀릴 수 있다는 얘기입니다. 또 여론조사가 어느 날 정말 이상하게 나와서 공표된다고 해도, 이것이 특별히 이상한 일도 조사기관의 잘못도 아니라는 얘기가 될 수도 있습니다. 의미를 정리해 드리면, 표본오차에 대한 안내가 의미하는 것은 '여론조사 자체가 원래 일정 수준의 오차를 가지는데, 때로는 그보다 훨씬 틀리는 경우도 통계적으로 있으니 이 수치를 보는 당신들이 알아서 읽고 판단하라'는 것입니다.

몇 가지 설명을 해드렸으니, 앞서 들었던 예를 가지고 다시 한번 자세히 해석해 보겠습니다. "당신이 보고 있는 여론조사 상의 수치, 즉 '대통령 지지도'는 통계학적으로 전 국민의 진짜 대통령 지지도와 위아래(±) 3.1%P 이내에 있겠지만, 100번 중 5번 정도는 그보다도 더 벗어나기도 한다."라는 뜻입니다.

마음에 안 드시긴 하겠지만, 이상한 여론조사에 대해 너무 예민하지 마시길 부탁드립니다. 이해하기 힘든 여론조사 수치가 나왔을 때는 "이번 여론조사 이렇게 나왔던데 좀 이상하지 않아? 뭐 여론조사라는 게 원래 오차도 있고 완전히 틀리는 때도 있으니까 뭐."라고 생각하시는 것이 바람직하다고 말씀드리는 것입니다.

굳이 말씀드리자면, 실제 여론조사가 확 틀리기도 합니다. 틀리지 않는 여론조사는 경험 과학적으로 불가능하죠. 직업적으로 정말 많은 수의 여론조사를 하다 보면 뭐에 홀린 것처럼 정말 이상한 결과를 받아들 때가 있습니다. 그런데 그 느낌이 주관적으로 실제 100번 중 5번입니다. 쉽게 말씀드리면, 한 선거에서 20군데의 선거 여론조사 프로젝트를 하다 보면 그 중 하나 정도는 "도대체 이게 왜 이래?" 하는 결과를 받아들 때가 있습니다. 그걸 조사전문가들은 "데이터가 튄 것 같다."라고 표현하기도 합니다.

여론조사는 오차가 존재하고 언제나 틀릴 수도 있다고 말씀드리면, '그딴 걸 왜 발표하는 것인가?'라며 화내며 말씀하시는 열혈 지지자분들도 당연히 있습니다. 이런 분들 중 "나는 이런 숫자에 영향을 받지 않는데 다른 사람들은 이 숫자를 보고 부화뇌동할 것이다."라고 생각하는 분들도 계십니다. 이 부분은 상당한 학문적 논쟁이 필요하긴 하지만, 기우라고 생각합니다. 먼저 "나는 합리적이지만 남들은 감정적"이라고 말하는 것은 전형적 커뮤니케이션 이론 상의 '3자 효과'에 빠져 계시다고 말씀드리고 싶습니다. 게다가 누누이 강조하지만 밴드왜곤, 언더도그 효과 이론 등 역시 검증된 학설이 아닙니다.

## 당선자를 맞췄어도 실패한 여론조사가 있다!

이 표집오차가 마치 여론조사 회사들의 방패가 되는 것처럼 보일 수도 있습니다. 즉 선거조사에서 예측치가 틀렸을 때 만일 해당 숫자가 표집오차 내에 있다면 여론조사 회사로서는 굳이 따지면 책임을 면하게 됩니다.

즉 선거 예측을 했는데 회사 A는 '김' 후보의 지지율을 47%, '이' 후보의 지지율을 40%로 예측을 했습니다. 그런데 회사 B는 '김' 후보의 지지율은 42%, 오히려 '이' 후보의 지지율을 44%로 예측했습니다. 즉 승패 예측이 엇갈린 것입니다. A회사는 상당히 큰 표차로 '김' 후보가 이긴다고 했고 B회사는 반대로 '이' 후보가 박빙의 차이로 이긴다고 예측한 것이죠. 그런데 실제 선거 결과를 '까보니' '김' 후보가 43%, '이' 후보가 41%를 얻은 것으로 나타났습니다.

대개 일반 시민들은 당연히 예측수치의 차이가 커도 승패 자체를 제대로 예측한 A회사가 잘했다고 말할 수 있지만, 전문가들끼리는 A회사는 실제 결과와 예측치가 표집오차를 벗어났으므로 'A회사가 틀린 것'입니다. 반대로 B회사는 비록 승패 자체 예측은 틀렸어도 두 수치 모두 표집오차 범위 내에 있었기 때문에 통계학적 추정, 즉 예측에 성공한 것이 됩니다. 이 부분은 일반 시민들의 정서와 전문가들의 입장이 가장 크게 갈리는 부분입니다. 변명을 하자면 여론조사는 점을 치는 것이 아니기 때문입니다.

여론조사와 통계학 등에 호기심을 가진 분들을 위해, 마지막으로 하나의 설명 또는 퀴즈를 보탭니다. 답은 안 알려드리지만요. 이것도 일반 독자들에게는 다소 황당할 수 있습니다.

즉 학술적으로는, 동일한 여론조사에 대해 표본오차만 달리해서 공표할 수 있다는 것입니다. 예를 들면, 흔히 등장하는 '95% 신뢰구간에서 ±3.1%입니다.'라는 공지 대신, 이 여론조사의 표본오차는 "99% 신뢰수준에서 최대허용오차 ±4.1%입니다."라고 말입니다. 어려우신가요? 즉 모든 여론조사는 신뢰수준을 95%로 발표할 수도 있고, 99% 또는 90%로 공표할 수도 있습니다.

예를 들어 설명을 드리겠습니다. 어떤 여론조사 회사 대표가 자기들의 여론조사를 '95%' 신뢰구간이 아닌 '99%' 신뢰구간으로 발표하기로 마음을 먹었습니다. 뭔가 더 정확해 보일 수 있으니까 말이죠. 100번 중 95번 정확한 것보다 99번 정확하면 더 좋지 않을까요? 어떻게 될까요? 오히려 '틀려도 되는 정도', 즉 최대허용오차가 커집니다. 즉, 같은 여론조사에 대해 95% 신뢰구간에서 최대허용오차는 ±3.1%이라고 얘기할 수도 있고, 99% 신뢰구간에서 최대허용오차는 ±4.1%이라고 말할 수 있는 것입니다.

얼핏 보면 이상하신가요? 사실 잘 보면 당연한 얘기인데 설명은 건너뛰겠습니다. 관심 있는 분은 교양 수준에서라도 통계학에 발을 들여놓으시면 좋을 것 같습니다. 사실 이 부분이 이해가 된다면 이제 통계학과 여론조사의 기초 중의 기초, 또는 상식 수준의 통계학을 알고 있다는 의미이기도 합니다.

정리해서 말씀드리겠습니다. 모든 여론조사는 경험적으로 '표집오차'를 가집니다. 즉 아무리 잘한다 해도(모집단 전체 조사가 아닌) 표본조사이기 때문에 자연발생적 오차가 발생합니다. 그래서 이른바 표본오차, 또는 최대허용오차라는 이름으로 특정 여론조사의 한계를 독자들에게 알려주는 것입니다. 다른 부분이야 전문가들이 알아서 한다 치더라도, 여론조사에서 발표되는 모든 수치는 그 숫자 그대로가 아니라 특정한 범위를 가진 '구간'이라는 것만을 기억하시면 될 거 같습니다. 또 이 부분을 무시하게 되면 그것은 전문적으로나, 사회적으로나 수치 해석상의 '오류'로써 문제가 될 수 있으며, 편법이나 조작 시비를 만들 수도 있습니다.

## 여론조사를 둘러싼 단골 시비들

여론조사에 대한 논란은 주로 '대통령'에 의해, 또는 '대통령 선거'나 '경선' 등에서 자주 일어났습니다. 앞서 여론조사 '국정위기 조장론'이나 '여론조사가 특정 후보를 당선시켰다.'와 같은 논란 외에도 여론조사를 둘러싼 단골 논쟁들이 있습니다. 선거 때만 되면 거의 예외 없이 등장하는 논란이므로 여론조사에 관해 관심을 가지고, 토론하려는 분들이라면 알아두면 좋습니다.

### 국민이 여론조사를 조작한다는 '역선택', 이거 실화냐?

역선택 논쟁은 대개 정당의 공천이나 후보단일화를 위한 여론조사에서 불거져 나옵니다. 본선을 염두에 둔 예선, 또는 준결승에서 이뤄지는 일종의 '승부조작' 의혹이라고도 말할 수 있습니다. 여기서 '역선택'이란 정당의 경선 여론조사 등에서 다른 정당을 지지하는 응답자들이 경쟁정당의 후보 중 본선에서 제일 상대하기 쉬운 후보를 지지한다고 답해, 최종적으로 상대방 정당이 '만만한' 후보를 내도록 여론조사 결과를 조작한다는 것입니다.

'역선택' 논란의 시초는 2002년 대선에서 노무현-정몽준 두 사람의 후보단일화 여론조사를 협상하는 과정에서 처음 등장했다고 알려져 있습니다. 그러나 이후 대통령 선거 등 주요 선거에서 역선택이 실제로 확인되거나 큰 문제가 된 적은 없었습니다. 그럼에도 불구하고 정당들은 애초부터 역선택을 방지한다는 명분으로 정당지지도 문항에서 다른 정당 지지자를 집계에서 배제하거나, 아예 우리 정당을 지지한다는 응답자만을 가지고 지지도를 산출하기도 합니다. 다만 여론조사를 통해 후보의 잠재적 경쟁력을 판단하려는 경선 여론조사 등에서, '다른 정당 지지자', 또는 아직 지지를 결정하지 않은 '유동층'을 빼버리면, 본선에서 확장성이 부족한 인물이 항상 후보가 될 수밖에 없다는 비판을 불러오기도 합니다.

사실 바쁘게 일상생활을 하다가 여론조사 전화를 받은 일반 국민이 전화기 앞에 기다리고 있다가 '의도를 가지고 응답을 조작한다'는 주장이 그리 설득력이 있어 보이지는 않습니다. 외국에서는 비슷한 논쟁을 찾아보기도 힘들고, '공정한 경쟁'에 대한 신뢰가 부족한 우리나라 정치풍토에서 나타나는 독특한 논란 중 하나로 보입니다.

## 여론조사 결과를 뒤집을 '숨은표'는 정말 존재하는가?

숨은표란 기본적으로 최종 득표결과가 여론조사 결과와 달라서 만들어지는 논쟁입니다. 즉 선거에서는 '여론조사로는 잡지 못하는 숨은표가 있으므로 막상 뚜껑을 열어보면 실제 선거결과는 다르게 나타난다'는 주장입니다. 아무래도 초박빙의 대결 국면에서 세몰이를 위해 유력후보들이 서로 들고 나오거나, 아니면 여론조사에서 지고 있는 후보 측에서 분위기 전환을 위해 주장할 가능성이 높습니다.

여론조사에 대해 관심을 가진 분들이라면 이 숨은표의 의미에 대해 잘 알아둘 필요가 있습니다. 숨은표 현상을 제대로 알지 못하면 선거예측의 메커니즘 자체를 깊게 이해하기 어렵기 때문입니다. 원천적으로 여론조사는 실제 투표와 결과가 다른 것이 당연합니다. 무엇보다 '모집단' 자체가 다르기 때문입니다. 즉 여론조사는 논리적으로 우리나라의 모든 유권자를 모집단으로 하여 지지도를 산출하는 개념입니다. 그러나 선거결과 즉 '득표율'은 전체 유권자 중 투표장에 간 사람들(정확히는 '유효투표')이 모집단이 됩니다. 예를 들면 우리나라 유권자가 총 4,000만이라 할 때, 투표율이 80%라면 3,200만 명만 투표하게 되고, 이들을 모집단으로 하여 계산되는 득표율이 최종 선거결과입니다. 따라서, 유권자 전체를 모집단으로 하여 산출되는 여론조사 지지도와 투표참여자들만의 득표율의 값이 원칙적으로 같을 수 없습니다. 따라서, 숨은표란 예측의 실패리기보다는 투표와 여론조사 간의 근본적 차이라는 측면에서 이해해야 합니다.

그렇다면, 여론조사 수치와 실제 득표율은 구체적으로 어떻게, 왜 달라진다는 것일까요? 숨은표를 만들어 내는 원인 또는 구조는 크게 세 가지 측면에서 이해가 가능합니다. (1) 먼저 여론조사 응답자 중 어느 후보를 지지한다고 분명히 응답해놓고도 실제는 투표하러 가지 않는 사람들 때문에 발생한다고 말할 수도 있습니다('투표기권층'). (2) 다음은 여론조사의 지지도 질문에 응답을 안 하거나, "난 지지하는 후보가 없다"고 말하지만 실제는 분명히 지지하는 후보가 있는, 즉 여론조사 자체에 부정적 태도를 가진 유권자들('여론조사 응답거부층')때문일 수도 있습니다. 마지막으로, (3) 여론조사에 응답할 당시에는 지지하는 후보가 없었거나, 다른 후보를 지지했었지만 투표 당일 즈음해서 지지후보를 결정하거나 지지를 바꾼 집단(유동층 또는 순수 부동층)으로 인해 생길 수도 있습니다.

위 세 가지 부류 중 선거 때 언론기사에 곧잘 등장하는 단어, 즉 '샤이 표'는 주로 지지는 결정했지만 여론조사에 답하기 싫어하는 응답거부층을 말합니다.

그런데 전문가들로서 이 '숨은표' 분석에 있어 가장 신경이 쓰이는 것은 첫 번째의 경우, 즉 여론조사에서는 응답하지만, 실제 투표장에 나가지 않는 '기권층' 분석이라 할 수 있습니다. 대개 우리나라 선거에서 기권

표는 전체 유권자의 절반에까지 달하므로 그 규모가 상당합니다. 나머지 두 가지 경우, 즉 순수유동층이나 응답 거부층들의 경우는 그 규모 자체가 기권표에 비하면 훨씬 작습니다.

문제는 이러한 기권층이 모든 계층이나 특성에 따라 고르지 않다는 것입니다. 특정한 연령대나 특정한 지역, 나아가 특정정당의 지지층이 투표장에 덜 나가게 되면 여론조사와 투표 집계결과의 차이가 벌어져 심각하게 왜곡됩니다. 예를 들면, 대선 즈음에 내가 지지하는 정당, 또는 후보에 큰 악재가 발생하게 되면 해당 정당이나 후보 지지층들이 갑자기 투표장에 안 나갈 수가 있습니다. 그래서 방송사들의 선거예측기법에서는 여론조사(즉, 출구조사 외의 전화조사 등)에서는 응답해 놓고 투표장에는 나가지 않는 사람들을 예측치 계산에서 걸러 내거나, 투표장에 갔다 하더라도 출구조사 면접에 응하지 않은 사람들을 수치상 처리하는 기법 등이 포함됩니다.

결론적으로 '숨은표'란 반드시 존재한다고 말할 수 있는데, 전문가들은 이 같은 숨은표의 특징이나 패턴을 미리 파악하는 경우가 많기는 합니다. 즉 만일 어떤 여론조사에서 '투표할 생각이 없다' 또는 '지지후보가 없다'고 할 경우 그 사람의 나머지 질문에 대한 응답특성을 분석해 이들의 원래 정치적 경향이 보수성향층인지 진보성향층인지를 파악할 수 있습니다. 대개 이렇게 적극적이지 않은 태도를 보이는 집단이 결국 응답을 거부하고 또 투표장에도 나가지 않게 되는데, 조사기관들은 이때 분석된

패턴과 그 정도를 예측치 산출에 반영하거나 활용합니다. 단, 원칙적으로 투표자를 대상으로 하는 '출구조사'는 숨은표가 많지 않다고 볼 수 있으나, 필요한 경우(즉, 사전투표자, 응답거부자, 또는 조사 · 면접시간 종료 이후 투표자 등) 기술적으로 따로 보완하는 방법을 찾습니다.

## "부동층이 막판 승부를 가른다"는 멘트는 대체로 '거짓'

선거 후반이 되면 기자들이 "막판 부동층이 승부를 가른다."라는 주장을 꼭 해야만 할 것 같은 시점이 오지만, 전문가들은 이를 별로 탐탁지 않게 생각하는 경향이 있습니다. 즉 대다수 유권자는 투표일이 다가오면 지지후보를 이미 정합니다. 반면 "뭔 소리야 난 아직 없지만 투표할 수도 있는데?"라고 말하는 사람의 상당수가 결국 투표를 하지 않습니다. 선거일을 며칠 앞둔 시점의 여론조사를 보면 '이번 선거에서 누구를 지지하느냐'라는 질문에 '무응답', 또는 '모르겠다'는 사람들은 대개 10% 안팎 정도만 남습니다. 물론 이 10%가 적지 않은 숫자라고 말할 수도 있습니다. 단 한 표의 차이만으로도 승패가 갈리는 게 선거이기 때문입니다.

그런데 왜 전문가들은 이들 막판 부동층 '10%'가 선거결과에 영향을 안 미칠 것 같다고 말할까요? 이유는 앞에서도 얘기했지만, 이 부동층들이 투표장에 나갈 가능성이 작기 때문입니다. 대개 대통령 선거조차도 투표율이 70%를 웃도는 수준이고 나머지 각급 선거들의 투표율은 그보다도 훨씬 낮습니다. 다시 말해 마음속에서 지지할 후보가 확실한 사람들조차 그중 상당수가 이러저러한 사정으로 투표하러 안 나가는 판에, 지지하는 후보도 막판까지 결정 못 한 사람이 도대체 투표장에 얼마나 나가겠냐는 겁니다.

투표장에 나갈지 여부는 대개 '결집도'나 '충성도'로 설명하며, 막판 부동층은 정치무관심층이며 실제 숫자도 많지 않으므로 승부를 가르기에는 턱도 없다는 것입니다. 게다가 부동층들이 막상 투표를 한다 해도, 보수정당과 진보정당 지지로 비슷한 비율로 분산되어 지지를 상호 상쇄하는 만큼 최종결과에 별다른 영향을 미치지 못한다고 봅니다. 만일 막판 여론조사에서 무응답층 등 부동층의 규모가 40~50%를 넘는다면 실제 이들 부동층이 승부를 가른다고 말할 수 있겠지만, 그런 경우가 많지 않아 전문가들이 부동층이 승부를 가른다는 주장에 대해 대체로 시큰둥한 것입니다.

# 전문가와 맞짱뜨는 여론조작 감정법

# 3부

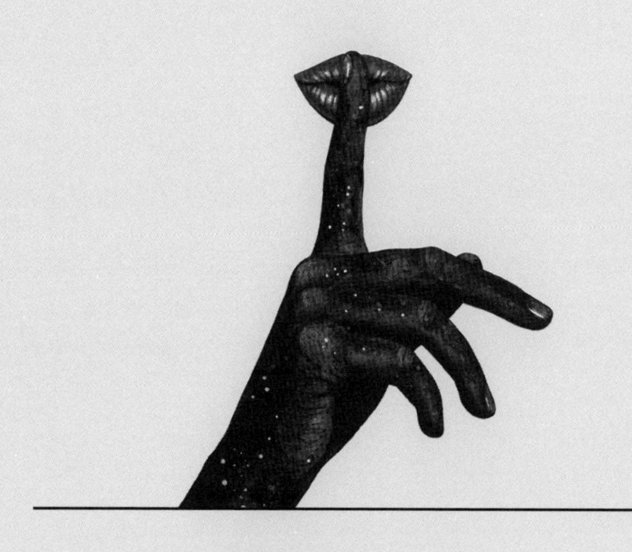

# 여론조작, 하려면 할 수 있지요

# 10. 전문가가 불량조사를 찾아내는 순서

여론조사는 다 비슷비슷할까요? 당연히 아니죠. 겉으로만 봐서는 잘 알 수 없지만 분명 여론조사마다 품질이 다릅니다. 회사마다 다를 수 있고 때로는 같은 회사가 했는데도 품질이 뒤죽박죽인 경우도 있습니다. 여러 면에서 상당히 '잘' 완성된 고품질의 여론조사도 있고 상대적으로 질이 떨어지는 여론조사, 최악의 경우 전체적으로 불량이거나 조작이나 다를 바 없는 수준의 비양심적 여론조사도 있을 수 있습니다.

## 수치만 보지 말고 교차집계표를 봐라

물론 결과가 마음에 들면 좋은 조사이고 마음에 안 들면 나쁜 조사라고 여길 수도 있겠지요. 그러나 전문가들이 여론조사가 잘됐는지 문제가 있는지 판단하는 방식은 생각하시는 것과 꽤 다릅니다. 일단 문제가 있다고 판단할 만한 구체적 근거를 찾아내죠. 적어도 '우리 편'에 대한 결과의 유불리로 품질을 따질 리는 없습니다.

대개 일반 독자들은 여론조사 결과를 언론기사로 접하거나, 관련 비전문가들(정치인, 기자 등) 역시 조사회사의 보고서를 참조하는 경우가 많습니다. 양쪽 모두의 공통점은 대개 전체 수치만 본다는 겁니다. 즉 결과만 가지고 '말이 된다, 안 된다.' 시비를 한다는 것이죠. 대통령 지지도라든지, 정당지지도, 또는 특정한 이슈에 대한 찬반 비율 등을 두고 이럴 수는 없다면서 흥분하기도 합니다. 또 이런 결과를 이해할 수 없다며 대개 회사나 회사 대표의 문제점을 곧바로 성토하는 경우가 많습니다. 그러나 어느 정도 근거가 없다면 그렇게 한들 일회성 화풀이로 그치고 맙니다.

반면, 전문가들은 일단 '남이 쓴' 보고서를 잘 보지 않습니다. 대신 '결과분석표', 또는 '통계편'이라고 부르는 숫자로 꽉 채워진 표를 구해서 봅니다. 조사회사에서 내에서는 이것을 (교차)테이블이라고도 부르는데, 설문지의 질문항목들을 서로 교차해서 분석한 것, 즉 문항들을 독립변수와 종속변수로 나눠 정리한 교차집계표가 더 정확한 표현입니다. 이 결과분석표에는 '조사설계(표본 수, 면접방법, 표집방법 등)'와 함께, 이 조사의 '응답자, 즉 표본들이 어떻게 구성되어 있는지', 또 인구사회적 특성별 수치(즉 문항별 독립변수에 따른 교차분석) 등이 정리되어 있습니다.

'대통령 지지도' 페이지를 보면 지역별, 연령별, 성별, 직업별, 소득별 대통령지지를 알 수 있습니다. 때로는 이념별로도 알 수 있고, 정당지지별로도 볼 수 있습니다. 이때 전문가들은 '대통령지지도'를 대개 종속변수, 지역이나 성 연령 등을 독립변수라고 이름 붙여 분석작업을 진행합니다. 일단 여론조사를 특별한 관심을 갖고 보거나, 문제점을 찾아내기 위해서는 이 교차집계표를 구해서 봐야 합니다. 공표된 여론조사의 결과분석표를 구하는 것은 어렵지 않습니다. 중앙선거여론조사심의위원회의 홈페이지에 들어가면, 여론조사가 공표되고 나서 일정 기간이 지나 자료로 올라옵니다.

사람마다 차이야 있겠지만, 전문가들은 조사의 품질을 가늠할 수 있는 몇 가지를 먼저 확인합니다. 대개 일반 독자들이나 비전문가들, 즉 당사자인 정치인이나 기자들과 같은 분들은 대부분 건너뛰는 부분들입니다. 비전문가들은 대체로 결과의 높낮이나 변화에만 의미를 부여합니다. 즉 당장 이번 주 대통령이나 정당지지도가 내려갔는지 올랐는지, 또 젊은층들은 얼마나 지지가 늘어나고 또 줄어들었는지 등 말입니다. 때로는 수치를 확인하며 고개를 갸웃할 수도 있고, 나름 '특종'이라고 흥분하는 경우도 있습니다.

반대로 '여기 것 믿을 수 있어?'라고 하면서 공신력에 문제를 제기하거나, 심지어 조작 시비를 곧바로 하기도 합니다. 그러나 그런 식의 접근은 여론조사가 정말 문제가 있는지 없는지 그 자체로 유효한 판단기준을 제시하지 않습니다. 사실 논리적으로 따지는 것도 아니고, 근거를 제시하기도 어려워서 그냥 미심쩍어하거나 정치공세를 하는 것에 그치고 맙니다. 그러나 그런 식으로는 조작 여부는 고사하고, 품질에 대한 문제 제기조차 어렵습니다.

## 응답자 특성으로 찾아내는 표본의 편향성

전문가들이 어떤 여론조사 결과가 문제가 있는지, 없는지 감별하는 기초적 방법을 알려드리겠습니다. 물론 분석하는 사람마다 개인차도 있고 어떤 상황이냐에 따라 달라지기는 합니다. 그럼에도 불구하고 반드시 제일 처음 눈여겨보는 것은 이른바 '응답자특성표'입니다. 전문가들이 회사 내부에서 전산작업이 완료된 후, 가장 처음 조사결과표를 받아들 때 이 부분부터 확인하는 경우가 실제 많습니다. 즉 '표본구성표'라고도 불릴 수 있는 이 부분은 해당 여론조사에서 성, 지역, 연령별 비율, 나아가 학력, 소득, 직업별 구성비율이 나와 있습니다.

이것을 제일 먼저 보는 이유는 앞서 1부에서 누누이 설명했듯이 과연 '표본을 잘 골라서' 조사를 했는지 보려는 것입니다. 여론조사의 품질은 사천만 유권자 중에 1,000명을 고르는 것에서 일차 승부가 날 수밖에 없습니다. 입이 닳도록 말씀드리지만, 표본, 즉 응답자 구성이 잘못되었다면 첫 단추부터 잘못 끼워진 것입니다. 표본구성이 잘못되었다면 그 여론조사는 잘못된 것이므로 나머지 다른 것을 가지고 구체적으로 왈가왈부할 필요도 없습니다.

구체적으로 설명을 드리겠습니다. 먼저 결과분석표를 받아들었다면 표본의 인구특성, 즉 지역, 성, 연령별 사례수와 구성비율을 확인해야 합니다. 다만 무작위이든 할당표집 방식이든 사후에 가중치 보정을 했다면 성, 연령, 지역 비율을 들여다봐도 별 소용은 없습니다. 그래서 사실상 모든 여론조사는 정부 인구통계자료와 비율이 맞춰져 있게 마련입니다. 다만 이 비율도 워낙 중요해서 눈으로 확인은 해야 합니다. 당연히 맞춰져 있어야 할 이 비율이 안 맞으면 '큰 사고'입니다. 어떤 때는 마치 뭐에 씌운 것처럼 분명 숫자가 틀려 있기도 합니다. 또 이것 때문에 여전히 공표 및 보도 불가 판정을 받는 여론조사기관도 있습니다.

이어서 조사설계 부분으로 넘어가야 합니다. 특히 이 부분에서 조사의 품질을 판단할 수 있는 주요한 수치가 있습니다. 즉 '실제 조사된 사례수'입니다. 앞부분에서도 한 번 설명했던 '가중치 배율'과 관련한 것입니다. 인구통계상 모집단 비율에 따라 할당된 표본 수가 있는데, 만일 실제 조사된 사례수가 해당 비율보다 많거나 부족해서 가중치 배율의 값이 크다면 과연 이 조사를 믿을 수 있을지 의심을 해볼 수 있습니다. 특히 가중치 배율값이 다른 회사들과 비교해 어떤지, 또 같은 회사라도 지난번과 비교해 어떤지 비교하는 것도 품질에 대한 좋은 판단기준이 될 수 있습니다. 여론조사심의위가 정한 배율기준을 따른다 해도 조사마다, 조사회사마다 가중치 배율의 편차는 있게 마련입니다.

참고로, 이미 말씀드렸듯이 사실 응답률은 보는 둥, 마는 둥입니다. 만일 할당표집이라면 사실 보셔도 되고 안 보셔도 됩니다. 할당표집을 활용한 여론조사에서는 응답률의 의미가 어중간하기 때문입니다. 좀 낮게 나오면 별 의미 없는 시비가 또 벌어지겠구나 하는 정도입니다. 물론 이건 낮아도 너무 낮은데 싶으면 문제긴 합니다.

다만 표집방식이 무작위표집이라면 응답률은 상당히 중요해집니다. 그러나 무작위표집을 활용한 여론조사는 응답률 자체가 일반적으로 생각하는 것보다 높게 마련입니다. 앞에서도 말씀드렸지만 무작위표집이라도 가중치 배율은 확인해야 합니다. 무작위표집 여론조사 역시 현재 사후 가중치를 주고 있으므로, 그 배율의 값이 크다면 문제는 있는 겁니다. 즉 무작위여론조사인 만큼 가중치배율 역시 할당표집에 비해 그 값이 별로 높지 않아야 하지만, 꽤 높다면 문제가 있다고 볼 수 있습니다.

다음은 3대 인구통계학적 기초변수 외, 사회경제적 특성을 보여주는 변수 즉 학력별, 직업별, 소득별 응답자 구성을 확인해 봐야 합니다. 이유는 명확합니다. 학력, 직업, 소득별로 정치적 성향이 다른 만큼 그 구성비에 따라 결과도 영향을 받기 때문입니다. 어느 한쪽의 분포가 너무 많거나 적으면 결과가 편향될 수 있습니다. 나이나 연령도 중요하지만, 이런 변수들도 여론분석에 있어 핵심적입니다. 그러나 일반 독자들은 학력, 직업, 소득별 비율을 봐도 이게 문제가 있는 것인지 여부를 알기 힘듭니다.

가장 좋은 방법은 역시 비교하는 것입니다. 즉 인구사회적 변수들의 비율이 적절한지 알고 싶을 때는 그 회사의 이전 조사나, 다른 회사들의 것과 비교해 봐야 합니다. 만일 특정한 여론조사의 '학력, 직업, 소득별' 비율이 그 이전의 다른 조사, 또는 다른 회사의 것과 너무 다르다면 일단 공식적으로 문제제기가 가능해집니다. 전문가들은 속으로 "어 큰일 났네, 데이터 튀는 거 아냐?"라며 불길한 예감을 하기도 합니다. 다만, 소득이나 학력자료를 통계청 자료와 직접 비교하는 것은 다소 어렵습니다.

정의하고 묶는 방식이 달라서 그렇습니다.

일단, '소득수준'을 예로 들어 설명을 드리겠습니다. 대부분의 여론조사에서 개인 또는 가구의 소득수준을 묻습니다. 구체적으로 몇 만원에서 몇 만원까지로 묻는 경우가 많고, 소득을 상, 중, 하로 물어보는 경우도 있긴 합니다. 어쨌든 결과분석표를 보면서 소득별 비율을 확인한 후, 이것을 같은 회사에서 공표한 다른 여론조사의 분포와 먼저 비교해 볼 수 있습니다.

예를 들면, 동일한 회사의 정기여론조사인데, 지난번 여론조사처럼 '상위'가 30%, 중간이 40%, 하위가 30% 등으로 나왔는지 보는 것이죠. 만일 지난번과 달리 이번 조사에서는 갑자기 상위 소득이 50%로 나왔다면 일단 조사회사 책임자는 '가슴이 철렁해야' 합니다. 뭔가 잘못되었을 가능성이 생기기 시작하는 겁니다. 전 국민의 소득분포가 한두 달 만에 바뀔 리가 없으므로, 해당 비율이 달라지면 전체 조사결과도 연동되어 변화가 생기는 경우가 많습니다. 참고로 특히 다른 회사의 자료와 비교할 때는 소득구간을 묶는 방식이 다를 수 있음에 유의해야 합니다. 즉 소득액을 어떻게 묶어 상, 중, 하로 나누느냐에 따라 비율이 많이 달라집니다.

여기까지 말씀드린 내용의 핵심은 '표본이 어떻게 구성되느냐에 따라 결과도 달라진다'는 것입니다. 다시 한번 말씀드리지만 성, 연령, 지역, 학력, 소득, 직업 등에 따라 정치성향, 즉 여론이 다르기 때문입니다. 결론적으로 표본구성이 편향되면, 조사결과도 편향될 수 있습니다. 만일 어떤 여론조사의 응답자 특성이 다른 회사들 것보다, 또는 같은 회사라도 지난번 것보다 보수적 특징 또는 조건을 가진 사람들이 더 많이 표집되었다면 여론조사 결과는 보수적으로 나타날 가능성이 커집니다. 이른바 '진보적 특성층'이 많이 잡혔다면 조사 전체의 결과도 그쪽으로 기울게 되는 겁니다.

## 통상적 '패턴'에서 벗어나는 '튀는' 지점을 찾아내라

사실 이런 판단을 할 수 있으려면 이른바 응답자 특성별 '응답의 패턴'을 알아야 합니다. 우리나라 사람들의 여론에 나타나는 특성이라고도 말할 수도 있겠습니다. 즉 나이가 든 사람들은 상대적으로 보수적이라든지, 특정 지역에서 특정 정당에 대한 선호가 높다든지, 아니면 직업별로 정치적 성향이 달라지는 것 등이 바로 특성이자 패턴입니다.

사실 여론조사 전문가로서의 첫발을 딛기 위해서는 바로 이 패턴을 알아야 합니다. 통계학이나 표집이론 등은 통계학 전문가 또는 그 분야의 학자분들이 가장 뛰어납니다. 대신 여론조사전문가라 하려면 현실에서 우리나라 국민의 응답패턴에 대해 정확히 파악하고 그 흐름이나 거시적 특징과 변화 흐름 등까지를 이해하고 조사결과를 분석할 수 있어야 합니다.

지금까지 말씀을 드렸듯이 어떤 여론조사를 가지고 본격적으로 시비를 하려면 먼저 교차분석표를 입수하고 응답자 특성을 살펴봐야 합니다. 물론 이것만으로는 다소 부족합니다. 여론조사 품질 감별 2단계는 결과에서 나타나는 논리적으로 이상한, 즉 '튀는' 지점을 찾아내는 것입니다.

사실 여론조사 회사가 내놓은 응답자 특성표만 보고서 제대로 면접을 수행했는지를 판단하기에는 불충분합니다. 왜 이번 조사에서는 '직장인'이 이렇게 많이 잡혔는지, 소득이 높은 사람이 많은지 따질 수야 있지만 그것 자체가 '잘못된' 여론조사의 직접적 근거가 되지는 않습니다. 따라서 설명 또는 해명을 요구할 수 있는 '설명 불가능한' 지점을 찾아내야 합니다.

대체로 이러한 오류 발견의 가장 기초적 방법은 '교차된 수치 확인'입니다. 즉 응답자 특성별로, 또는 독립변수별로 어떤 여론조사 항목에 어떻게 응답했는지를 살펴보고 거기서 이상한 부분을 찾아내는 것입니다. 다만 이러한 교차확인은 앞서 말한 우리나라 사람들의 응답특성, 즉 '통상적' 패턴을 알아야 '이상한' 부분도 정확히 찾아낼 수 있습니다. 이 부분에 대한 공부는 전문가에 입문하는 과정이지만 대개 일반 사람들도 알고 있는 내용이 많습니다.

예를 들면 지역별로 어느 정당이 얼마나 지지를 받고 있는지를 가지고 이 여론조사의 품질을 판단할 수 있습니다. 먼저 대구/경북에서 보수정당 지지율을 확인해봅니다. 다음에는 부산/경남/울산 지역의 정당지지도를 확인해 봅니다. 이때 패턴은 우리나라에서 보수정당 지지율이 가장 높은 곳은 대구/경북 지역이라는 것이 됩니다. 따라서 이른바 'TK'지역에서 보수정당 지지율이 높다면 일단 특이한 것은 아닙니다. 그런데 만일 부산/울산/경남 지역에서 보수정당 지지율이 대구경북 지역보다 더 높다면 이것은 특이한 지점에 해당될 수 있습니다. 즉 기대되는 패턴에서 벗어나는 것이므로 뭔가 의미 있는 발견일 수도 있고, 아니면 여론조사 자체가 잘못된 것일 수도 있습니다.

즉 여론조사 전체 결과가 마음에 안들 때는 교차집계표를 들여다보면서 자꾸 패턴에서 벗어난 지점들을 찾아내야 합니다. 그리고 만일 이런 부분들이 한두 군데가 아니고, 그 같은 패턴이 같은 회사의 지난번 여론조사나 다른 조사회사의 수치와 반복해서 차이가 난다는 것을 발견하면 조사의 품질에 문제가 있는 것 같다고 주장할 수 있게 됩니다.

대체로 여론조사 회사들은 내부적으로 이런 부분들을 먼저 찾아낸다고 봐야 합니다. 회사마다 다르겠지만 조사에 문제가 없었는지 자체적으로 분석하고 수정, 보완하는 경우도 있고, 만일 못 찾아냈다면 조금 억지로 의미를 해석해 발표하기도 합니다. 그러나 중요한 것은 조사 전체에 문제가 있는 경우에는 이런 '이상한' 지점들이 여러 곳에서 드러나게 되는데, 조사회사도 뻔히 자료가 남기 때문에 마음대로 이것을 손댈 수가 없습니다. 즉 조사회사 내부의 '데이터 클리닝'에도 한계가 있습니다.

따라서 특정 여론조사의 테이블을 자세히 들여다보면 언제나 '말이 안 되는 지점', 또는 여론조사 품질이 문제가 있을 수 있다고 주장할 수 있는 지점들을 발견할 수 있습니다. 물론 세세한 부분을 가지고 이것은 논리적으로 말이 된다, 안 된다며 따지는 것은 별로 바람직하지 않습니다. 실제 응답자들이 항상 논리적이고 일관되지 않습니다. '나는 군사독재에 반대하지만, 그래도 그 사람은 우리 지역 출신이므로 제일 존경한다'는 식의 대답을 눈앞에서 듣는 것이 이상한 일이 아닙니다. 무엇보다 여론조사는 표집오차가 아니라도 여러 가지 면에서 부정확해질 수 있는 요인이 있습니다. '비표본오차'라고 부릅니다. 따라서 적어도 누구나 상식적으로 이해하고 있는 '패턴'을 뚜렷이 거스르는 지점을 찾아내고 문제를 제기하는 것이 좋습니다.

물론 전문가들은 여론조사의 문제점을 발견해내는 좀 더 전문적이고 수단과 방법들을 활용할 수 있습니다. 예를 들면, 어떤 회사가 주기적으로 여론조사를 발표한다면, 가중치 배율의 평균을 내서 '왜 너희만 이렇게 가중치 값이 항상 큰지' 따질 수도 있습니다. 또 지난 일 년 동안 해당 회사 여론조사를 모두 모아, 직업별, 학력별, 소득별 비율의 변화를 '표준편차(standard deviation)'를 구해 품질관리 능력을 평가하는 방식도 있습니다. 즉 좋은 여론조사 회사, 잘 관리된 여론조사 회사일수록 응답자 특성별 구성 비율이 대체로 일정하므로 서로 다른 시점의 조사 간에 독립변수 비율의 편차가 적어진다고 말할 수 있겠죠. 만일 조사를 할 때마다 학력별, 직업별, 소득별 비율들의 차이가 크다면 해당 여론조사 회사의 전반적 품질을 의심할 수 있는 기초자료가 될 겁니다.

이번 편에서는 가장 기초적인 여론조사 감별 절차를 설명드렸습니다. 기초적이라는 것은 초보적이라는 의미만이 아닌, 가장 중요하다는 의미를 동시에 가집니다. 일단 누구라도 설명드린 몇 가지 방법으로도 특정 여론조사를 비판할 수 있는 근거를 찾아낼 수 있습니다. 물론 여론조사가 생각보다 복잡한 진행과정을 가지고 있어 문제점을 잡아내고 판단하는 것이 마냥 쉬운 일은 아닙니다. 그러나 여론조사는 항상 기록을 남길 수밖에 없어서 비전문가라 해서 의심 가는 부분을 못 찾아 낼 일은 아닙니다.

# 11. 여론조사의 용도를 지키지 않으면 여론조작 된다

여론조작의 시작은 여론조사를 애먼 곳에다 사용하거나 악용하는 데서, 즉 '용도변경'에서부터 시작합니다. 즉 여론조사에는 일반 국민이 미디어에서 자주 접하는 '공표용' 여론조사도 있지만, 정부나 정당, 또는 기업도 내부 활용을 위한 여론조사를 많이 합니다. 그런데 이 '용도'에 따른 구분을 안 지키면 생각보다 여러 가지 문제가 생깁니다. 또 실제 과거에 주로 정부나 정치권에서 내부용도로 여론조사를 해놓고 이것을 언론에 공개해 크게 시비가 이는 경우가 많았습니다.

## 내부용 여론조사는 밖으로 나오면 안 된다

여론조사 결과는 '진실'과는 다른 차원의 것입니다. 여론조사에서 다수라 해서 '사실이 아닌데도 사실이 되는 것'은 아닙니다. 특히 '민심=천심' 콤플렉스라는 전통적 가치관을 끌어들여, 마치 여론조사에서 내가 이기고 있으니 옳은 것이라는 식의 주장도 잘못된 것입니다. 여론조사는 그냥 특정 시점에 사람들이 생각하는 의견을 한데 모아본 것입니다. 당연히 오늘과 내일 다를 수도 있고, 물어보는 각도나 표현 등에 따라서도 다른 결과로 나타날 수도 있습니다.

정부나 공공기관의 경우 여론조사 결과를 정책 의사결정하는 데 참고하거나, 아니면 이해당사자인 국민들의 동의를 얻었는지 확인하는 데 쓸 수 있습니다. 또 일반 유권자라면 정당이나 정치인 등의 아전인수격 주장에 현혹되지 않고 정치 전반 또는 선거상황에 대해 판단하는 유용한 정보가 됩니다.

좀 더 구체적으로 설명해 드리자면, 여론조사가 본래의 용도와 다르게 악용되거나 오남용이라는 차원에서 활용되는 가장 흔한 경우는 두 가지입니다. 하나는 원래의 활용의 목적이 다른 여론조사를 언론사 등을 통해 흘려서 사실상 '공표용'으로 쓰는 경우입니다. 또 다른 하나는 여론조사를 원래 취지나 목적에 부합되지 않는 용도로 쓰는 것입니다. 건축으로 치면 불법적 용도변경과 용도전용을 말합니다.

여론조사는 그 실행 주체나 사용목적에 따라 중립성 또는 객관성을 중시하는 것이 있고, 활용을 위해 주관성이 상당히 가미된 것으로 갈리는 경향이 있습니다.

일반 시민들이 접하는 대부분의 언론사 여론조사는 '객관성'에 무게를 둔 것이라 봐야 합니다. 따라서 표본설계나 설문 등 모든 절차와 내용이 편향되지 않도록 신중하게 준비하고 실행하게 됩니다. 반면, 언론 공표용이 아닌 내부 활용을 위한 여론조사도 있습니다. 대통령실은 물론 정부나 정당, 그리고 기업도 자기들의 전략적 판단이나 기획을 위한 이 '내부용' 여론조사를 꽤 많이들 합니다. 이른바 '내부용' 여론조사는 자신들의 '입장'이나 '논리', '주장', 때로는 설득과 홍보논리 등을 일반 국민에게 기획의도를 가지고 묻기 때문에, 전반 내용과 구성에 있어 중립성이나 객관성이 떨어지는 경향이 있습니다.

특히, 얼핏 보기에도 일방적 주장을 담고 있는 '내부용' 여론조사의 경우, 설문지 구성부터 주관적이어서 응답하는 사람이 이 조사를 어디서, 왜 하는지 눈치 채는 경우도 있습니다. 만일 응답자가 상대방이 누구인지를 짐작하게 되면 이후부터는 응답 자체를 질문자의 입장에 맞춰서 대답할 수 있으므로 전반적으로 응답이 왜곡될 수 있습니다. 또 이런 기획 성격의 여론조사는 처음부터 문항구성이 편파적으로 만들어지거나, 응답을 한 방향으로 유도하는 문장들이 포함될 가능성도 높습니다. 대개 이런 유형의 문항들은 어떤 논리를 폈을 때 사람들이 이런 논리를 어떻게 받아들일지 '수용도'를 파악해 보기 위한 것입니다. 정당의 선거전략 수립을 위한 조사에서도 흔히 볼 수 있습니다.

이 경우, 그 결과 자체가 유용하지 않다고 말할 수 없지만, '객관성' 자체에는 문제가 생길 수 있습니다. 따라서 당연히 내부용으로 실행된 여론조사가 언론에 나가게 되면 문제가 발생합니다. 특히 내부 활용을 위한 여론조사의 경우 공표를 하지 않으므로, 사실상 여론조사심의위의 사전규제도 피할 수 있습니다.

이처럼 애초부터 엄밀한 객관성에 주안점을 두지 않는 여론조사 결과를 언론보도를 통해 공개되도록 하는 것은 여론조사의 악의적 전용이고 최악의 경우 여론조작 시비를 낳게 됩니다. 예를 들면, 대통령의 정무적, 정책적 판단을 위해 실시되는 여론조사가 언론을 통해 공표되는 것도 이에 해당합니다. 만일 대통령이 비서실 등에서 이미 주관적 입장이 충분히 반영된 여론조사를 보고받은 후, 언론사에서 공표되는 객관성에 주안점을 둔 여론조사를 보면 마치 여론조사가 자신을 공격하는 것처럼 느끼게 됩니다. 그리고서 분개하여 여론조사를 비난하게 되는 거지요.

한술 더 떠, 이해관계가 있는 개인이나 단체 등이 애초에 여론조사를 '공표용'으로 쓸 것을 염두에 두고 무늬만 '내부용'으로 조사를 실시하는 경우도 있습니다. 물론 정치나 선거 관련 여론조사의 경우에는 진행절차가 정해진 만큼 이런 일은 많지 않습니다. 그러나 정치나 선거가 아니더라도 사회적으로 중요한 정책이나 현안, 또는 특정한 집단의 중요한 이해관계가 걸린 현안을 주제로 한 여론조사를 하려는 경우도 많습니다. 즉 '어떤 여론을 만들기 위해' 애초부터 여론조사를 하는 것을 말합니다.

이렇게 자신의 이익이 걸려 있는 당사자가 이해관계를 위해 여론몰이용으로 여론조사를 하는 것은 별로 바람직하지 않습니다. 특히 여론몰이용 여론조사를 받아주는 것은 당연히 언론사의 책임이 큽니다. 즉 여론조사의 돈을 댄 사람이 불명확하거나, 누가 의뢰자인지 숨긴 여론조사를 보도하는 것은 상당한 문제입니다. 한마디로 객관성을 가장한 선전홍보용 여론조사가 될 수 있습니다. 이런 점에서 언론에 공표되는 모든 여론조사는 조사비용을 누가 지불했는지 밝히도록 하는 것이 정상적입니다.

기타 전혀 신뢰성이나 객관성이 담보되지 않은 심심풀이성 문답조사

결과 등을 여론조사라는 이름으로 언론에 실어주는 것도 물론 바람직하지 않습니다. 표집오차나 방식조차도 뭔지 정확하지 않은 이런 심심풀이용 또는 흥미유발형 설문조사는 별것 아닌 것 같아도, 대부분 아무렇지 않은 듯 사회적 편견이나 갈등을 부추길 수 있습니다.

물론 아예 범죄에 근접하는 여론조사의 용도전용도 있었습니다. 대표적인 것이 선거에서 '홍보용'으로 여론조사를 활용한 경우입니다. 즉 여론조사의 문항 등에 자신에 대한 홍보성 표현을 넣어 무조건 더 많은 사람에게 전화를 돌려 인지도를 높이거나 자신을 홍보하는 선거홍보용 여론조사를 말합니다. 다만 지금은 이에 대한 규제가 엄격해져 더 심각해지는 추세는 아닙니다.

## 여론조사를 공천에 쓰는 것은 오남용이다

다음은 여론조사의 악의적 전용과 함께 오남용하는 경우를 짚을 필요가 있습니다. 여론조사를 엉뚱한 용도로 쓰는 것은 사실 말리기가 쉽지는 않지만 좀 더 신중하게 생각하고 그렇게 활용하는 데에 대한 사회적 합의를 이룰 필요가 있습니다.

대표적인 것은 바로 정당의 공천 여론조사입니다. 여론조사가 투표를 대신할 수 없듯이, 정당의 후보를 결정하는 데 여론조사를 활용하는 것 역시 '절차적 정당성'이라는 측면에서 신중하게 생각해 봐야 합니다.

여론조사를 정치권에서 단일화나 공천의 수단으로 활용하는 정치문화를 조사전문가 입장에서는 당연히 받아들이기 어렵습니다. 전 세계에서 그런 식으로 여론조사를 이용하는 나라가 거의 없기도 할 뿐더러, 원칙적으로 잘못된 것인데도 편의에 따라 무리하게 활용하는 것은 문제가 있습니다. 개인적으로는 국제적 망신거리라는 생각입니다.

현실을 인정하고 후보의 경쟁력을 평가하는데 일부 지표로 활용하는 것까지 뭐라 할 수는 없지만 '과용'하는 것은 확실히 문제입니다. 철학 또는 정치학적 논의이긴 한데, 공천을 '이기면 된다.'라는 식으로 접근하는 것은 정당 내부 구성원들을 무시하는 셈이 됩니다. 개인적으로 정당의 후보공천의 개방성은 '개방경선' 정도가 최대치라고 생각합니다.

이와 함께 꼭 강조할 부분은 모든 범죄 수준의 여론조작의 온상은 바로 '공천조사'라 해도 과언이 아닙니다. 공천이 아니라면 어렵고 위험한 여론조작을 할 필요도 별로 없습니다. 뒤에서도 다시 설명을 하지만, '전화기 불법착신전환', '응답자 명부조작하기' 등 여론조사와 관련한 범죄의 상당수가 공천을 받기 위해 이뤄집니다. 또 '나쁜 후보'들과 결탁한 떴다방 여론조사회사들 역시 공천 때문인 경우가 다수입니다.

또 여론조사가 정책 추진의 여부를 결정하는 직접적 근거자료가 되는 것도 권장하기 어렵습니다. 주민투표에서의 찬반은 행정상의 절차라고 해도, 여론조사는 그런 용도 자체가 아니며 투표도 아닌데 51%면 추진해도 되고 과반 못 미치면 추진 안 한다는 식의 접근도 당연히 문제입니다. 대신 정책 추진의 동의 여부를 살피는 한편, 어떤 점에서 동의를 못 얻고 있는지 등을 이유를 파악해, 문제점을 보완하거나 아이디어를 개발하는 용도가 더 적절합니다. 그런 측면에서 보면, 이른바 '숙의형 공론조사' 역시 마찬가지입니다. 공론조사이든, 여론조사이든 이것을 대통령이나 정부가 정책을 밀어붙이는 '가부'의 용도로 쓰는 것은 '조작' 시비를 피할 수가 없습니다.

한편, 여론조사 수치 자체를 민간 부문 등에서 평가나 시험 등의 점수를 산출해 내는데 곧바로 활용하는 것, 즉 "계수"로 활용하는 것도 결코 권장할 만한 일이 아닙니다. 다시 한번 말씀드리지만, 여론조사 상의 수치는 정해진 숫자가 아니라 일정한 오차범위를 가진 구간인 데다, 언제나 다양한 오차로 인해 틀릴 수 있는 확률을 일정 수준 가지고 있습니다. 만일 특정한 여론조사 수치를 인사고과나 지점평가 등에 활용하는 어떤 점수나 계수를 산출하는데 곧바로 활용하게 되면 이 자체가 여론조사를 오남용하는 것입니다. 즉 아무리 합리적, 과학적 신뢰에 기반을 두고 있다고 하지만 근본적으로 '추정' 또는 '추리'의 수준에서 산출된 수치를 '사실' 또는 '진실'로 과대 적용하는 것입니다. 여론조사가 가진 '오차'만큼 언제나 누군가가 피해를 봐야 하겠죠.

# 12. 조사설계를 통해 유리한 결과 만들기

앞에서 조사설계에 따라 여론조사 결과가 달라질 수 있다고 말씀드렸습니다. 문제는 이러한 조사설계의 특성을 역으로 이용하면 우리 편에 유리한 여론조사 결과를 만들 수 있습니다. 즉 특정한 조사설계에 따라 조사결과가 어떤 방향으로 달라지는 것을 미리 예상할 수 있기 때문에 정치적 유불리가 갈릴 수도 있습니다. 전문가형 여론 왜곡 또는 조작이 되는 겁니다.

## 사람마다 라이프스타일이 다른 것을 이용하면?

물론 설계에 따른 편향성이 정확히 얼마나 나타날 것인지를 예상하는 것이 쉽지는 않습니다. 그래서 조사설계에 따라 '결과적으로' 정파적 유불리가 만들어지는 것을 여론조작이다, 아니다 라는 수준에서 말하려는 것은 아닙니다. 게다가 특정한 여론을 제대로 포착해내기 위해 노하우를 가지고 최적의 여론조사 설계를 하는 것일 수도 있습니다. 실제 특정 조사설계에서 누군가에게 유리한 결과가 나타난 것이 의도하지 않은 우연일 수도 있으며, 반대로 어설프게 유리한 결과를 얻겠다고 조사설계를 하다가 뜻밖에 예상치 못한 결과를 얻을 수도 있습니다. 다만 조사회사나 연구자가 가진 '의도', 더 정확히 말하면 '왜곡에 대한 의지'는 또 다른 문제이겠지요.

앞에서 자세히 글을 읽으셨다면 금방 이해가 가시겠지만, 여론조사의 설계를 통해 어느 한쪽에 유불리가 갈리는 결과를 얻을 수 있는 이유는 조사설계에 따라 '응답자 구성'이 달라질 수 있기 때문입니다. 즉 조사시점이나 조사방법이 달라지면 어떤 특성을 가진 사람은 응답할 기회가 늘어나는 반면 그 반대편의 다른 정치적 특성을 가진 사람들은 오히려 줄어들 수 있다는 것이죠.

간단히 예를 들어 봅니다. 만일 여론조사를 직장인들의 근무시간인 '낮' 시간에만 한다면 어떻게 될까요? 대개 '화이트칼라'라고 부르는 사무/관리직 직장인 층이 여론조사에 응답할 가능성이 줄어들 수 있습니다. 줄어드는 것으로 그치지 않지요. 이들의 비율이 줄어들게 되면 상대적으로 다른 직업을 가진 응답자들, 예를 들면 자영업자 등의 비율이 늘어나게 됩니다.

요즘은 많은 변화가 있긴 하지만, 한국 유권자들의 '응답패턴'에서는 사무/관리직, 즉 화이트칼라들의 의견이 진보적으로 나타나는 경향이 있고, 상대적으로 자영업자들은 '보수적' 특성을 보이는 경향이 있습니다. 결국 낮 시간에만 여론조사를 하면 상대적으로 보수적인 자영업자들의 비중이 늘어나 결과가 보수편향적으로 나타날 수 있다는 예상이 가능합니다. 요일도 역시 마찬가지입니다. 예를 들면 주말에만 여론조사를 하게 되면 평일과 비교해 직업별 구성이 달라질 수가 있고, 이 역시 또 다른 경향성을 만들 수 있습니다. 이는 '사실'이라기보다는 라이프스타일과 조사시점과의 관계가 여론조사에 영향을 미칠 수 있는 하나의 예이자 가능성에서 이해하셔야 합니다.

### 여론조사의 시점
### - 이 여론조사는 언제 실시되었는가?

어떤 사건의 발생시점과 이와 관련한 여론조사의 실행 시점 간의 관계도 예민한 문제입니다. 다시 말해, 어떤 사건이 발생하고 과연 얼마 뒤에 여론조사를 해야 제대로 된 여론을 포착할 수 있는가에 대한 것입니다. 만일 어떤 돌발적 대형사건이 터졌을 때 그 직후에 여론조사를 하는 것이 적절한지, 아니면 이삼 일이라도 '여론숙성' 기간을 둔 후 조사를 할지에 대한 판단이 필요합니다. 물론 어떤 사건 발생 직후에 여론조사가 실시되어 그것에 영향을 받지 않았는지 보는 것도 중요하겠죠.

정치여론 전반에 영향을 줄 수 있는 주요사건이 터져도, 일단 그 뉴스가 모든 국민에게 알려지는 데에는 어쨌든 시간이 걸립니다. 보도제작 시간도 있고, 또 그 소식이 많은 유권자에게 전달되는 시간도 필요합니다. 그 사건을 제대로 알지 못할 때 물어봐서 유권자들이 엉겁결에 대답하는 것과 사건에 대해 꽤 많이 알고 태도가 명확해졌을 때의 여론은 다를 수 있습니다. 국민의 관심이 높은 초대형 사건이어서 사건의 전말을 금방 안다면 몰라도, 부분적으로만 사실관계를 아는 상태에서 여론조사를 하면, 결과가 왜곡될 가능성이 커집니다.

특히, 이처럼 여론조사를 하기에 적절치 않은 시점에 실제 여론조사를 하면 결과적으로 편향되고 조작된 조사결과가 쉽게 나타날 수 있다고 말할 수 있습니다. 만일 어떤 언론사나 조사회사가 단지 '속보성'만을 중시해 정보의 확산과 이에 따른 여론형성 시간을 감안하지 않고 조사를 할 경우, 오히려 해당 사건의 의미를 축소하는 결과를 가져올 수도 있습니다. 이와 관련 말씀드릴 부분은 위에서도 언급한 '여론숙성'에 대한 개념입니다. 과거에는 여론숙성 기간을 2~3일로 봤지만, 워낙 정보소통이 빨라진 지금은 기간이 줄어들었다고 보긴 합니다.

이 '여론숙성' 기간은 개인이 여러 가지 정보소스를 통해 자신의 의견을 정리하는 시간이기도 하고, 또 부모나 선생님 등 주변의 개인 수준의 의견지도자(opinion leader)나, 정당이나 관련 단체의 지도자 등 여론주도가 가능한 특정인이나 집단의 입장이 영향을 끼치고 반영된 것일 수도 있습니다. 이것이 언론학에서 말하는 '커뮤니케이션 다단계 모형'입니다. 어쨌든 이러한 설명을 통해 말씀드리려 하는 것은 '조사시점을 언제로 잡느냐'를 확인하는 것도 상당히 중요하며, 이를 통해 편향된 여론조사가 나오지 않았는지 따져봐야 한다는 것입니다.

## 조사방법에 따라서 표본의 구성이 달라진다

이미 앞부분에서 한 번 설명했던 것이지만, 여기서는 조사방식에 따른 경향성을 중심으로 설명드립니다. 즉 표본설계와 조사방법에 따라 응답자 구성이 상당히 달라질 수 있습니다. 즉 여론조사 면접을 집전화(가구 유선 전화) 또는 휴대전화 중 어떤 것을 어떤 비율로 사용할 것인지에 따라서도 응답자 구성이 달라집니다. 유무선 혼합비율이 다르다면 이것을 같은 종류의 여론조사라고 말할 수 있을지 고민해야 한다고 이미 말씀드렸습니다.

집 전화 비율이 높으면 혼자 살면서 핸드폰만 쓰는 2030세대들의 의견이나 교대근무를 하는 '노동자'들의 의견이 체계적으로 누락될 수도 있습니다. 실제 선거여론조사에서 조사설계를 잘못하게 되면, 집단시설에서 함께 생활하는 노동자들의 의견이 체계적으로 배제되는 경우가 가끔 일어납니다. 집전화로 표집한 2030세대의 응답이 혼자 거주하는 젊은층의 여론과 같은지도 문제입니다. 부모님의 밥상머리 훈시는 그야말로 개인의 의견에 영향을 미치는 최대 메시지 소스일 수 있다는 것입니다.

그렇다고 유선전화만 쓰는 여론조사는 조작이고 항상 보수 쪽에 유리하게 나온다고 주장하는 것은 아닙니다. 나머지 모든 조사설계가 같고 같은 시점에 동일한 설문으로 조사를 해도 유무선 비율 그 자체가 결과의 차이를 만들 수 있어 이 부분을 반드시 확인해야 한다는 것입니다. 사실 전문가들은 유선전화를 사용하는 가구와 사용하지 않는 가구 간의 소득, 가구주 연령, 가족구성 등의 특성을 분석해 유무선 혼합비율에 따른 조사결과의 차이에 대해 좀 더 연구할 필요는 있습니다.

또 다른 예를 들자면, 선거 및 정치 여론조사에서는 잘 안 쓰이는 온라인 조사의 경우에도 편향성 시비가 일어날 수 있습니다. 즉 이메일이든 앱이든 그 사용인구가 많이 늘어나긴 했어도 아무래도 고연령층 등에서는 온라인 여론조사에 대한 친화성이 떨어지는 만큼 조사방식에 따른 정치적 유불리 문제가 발생할 수 있습니다. 그러나 만일 온라인 조사에 할당표집 및 가중치 적용방식을 적용할 경우, 과연 이것이 유무선 혼합방식이나 ARS조사보다 신뢰도가 정말 떨어지는지 등에 대한 분석도 해둘 필요가 있습니다. 이미 해외에서는 정치조사에도 온라인 조사를 쓰는 비중이 급속히 늘어나고 있습니다.

### 면접진행의 가이드라인에 따라 응답자가 달라진다!

면접진행 관련 가이드라인도 표본구성에 영향을 줍니다. 물론 선거 및 정치여론조사에 대한 여론조사심의위의 가이드라인이 있지만, 조사기관 연구책임자의 판단에 따라 여전히 조사설계 등이 달라질 수 있는 부분이 있습니다.

'할당표집' 조사의 경우, 조사책임자가 할당표를 설계하는 단계에서 과연 얼마나 할당을 느슨하고 넓은 범위로 줄지, 아니면 촘촘하게 줄지를 어느 정도는 결정할 수 있습니다. 예를 들면, 조사담당자 또는 연구자는 응답자의 연령을 20대, 30대, 40대 등 10세 단위가 아닌 '5세 단위'로 할당을 줄 수도 있습니다. 또 시지역과 군지역의 비율을 할당의 기준변수로 활용할 수도 있는데 이 역시 응답자 구성에 영향을 줄 가능성이 있습니다.

또 면접현장(fieldwork)에서 조사를 진행하기 위해 만들어진 면접지침(guideline) 역시 마찬가지로 중요합니다. 즉 앞부분에 이미 설명한 '가중치 적용률'과 관련해 특정한 할당량을 의무 한도만 채울지, 아니면 정확도를 높이기 위해 기준을 높일지를 결정하는 것은 전체 조사품질에 영향을 줄 만큼 생각보다 예민한 문제입니다.

할당표집 조사에서 할당에 대한 의무충족 비율을 느슨하게 풀어줄수록 여론조사에 쉽게 접근이 되는 특성을 가진 유권자의 비율이 전체적으로 늘어날 수 있습니다. 예를 들면 경향적으로 고연령이나 자영업자들은 아무래도 여론조사가 쉬운 집단으로 분류할 수 있고, 젊은 직장인 등은 상대적으로 면접이 어려운 집단일 수 있습니다. 참고로 한때 고령자분들이 '나이를 얘기하면 전화를 끊어버린다'는 여론조사 괴담의 시초도 여기서 시작됩니다. 대개 나이가 많고 집에 있는 시간이 많은 응답자들부터 빠르게 목표한 표본 수가 채워지기 때문에, 고령자 분들의 나이를 듣고 끊는 비율이 올라가게 되어 있습니다. 단순무작위인 경우에는 이런 일이 없지만, 할당표집 조사에서는 어쩔 수 없이 일어나는 현상입니다.

어쨌든 엄연히 면접이 쉬운 특성을 가진 사람과 어려운 집단이 구별되는 상황에서, 여론조사심의위가 요구하는 최소한의 의무적 가중치 배율만을 억지로 지킨 후, 자꾸 가중치 배율로 이것을 해결하려 하면 애초부터 표본구성이 느슨해지고 결국 여론조사 접근이 쉬운 층 중심으로 표본이 구성되어 버리는데 이것은 생각보다 문제가 될 수 있습니다.

지금까지 설명드린 것은 조사설계가 응답자 구성에 영향을 미칠 수 있다는 것을 보여드리기 위해 의도적으로 강조한 사례들입니다. 현실에서는 훨씬 더 많은 부분을 생각해야 하고, 특히 연령별, 직업별 응답패턴도 끊임없이 변화하고 있다는 점, 또 권역에 따라서도 그 특징이 다를 수 있으므로 전문적 경험이나 정보가 없이, 자칫 엉뚱한 편견을 가지고 유불리를 과하게 주장하는 음모론자가 되지는 마시기 바랍니다.

즉 어떤 여론조사가 일정 수준 편향되어 보인다 해도 그 경향성이 어디서 발생한 것인지 특정해 내는 것은 불가능에 더 가까울지 모릅니다. 특히 우리가 평상시에 접하는 일반 국민여론조사의 경우 조사설계에 따른 차이가 그리 크고 예민하다고 보기 어렵습니다. 대통령 지지도가 40%이든 45%이든 뭐 느낌이 크게 다른 것도 아닙니다.

다만 이 부분이 현실적으로 가장 예민한 문제가 되는 것은 선거 때 후보단일화 여론조사나 공천심사에 쓰이는 여론조사 등에서 입니다. '0.1%라도 높으면 높은 것'이라는 식의 관점이나 태도는 무척 잘못된 것으로 여론조사가 오남용되는 대표적 사례입니다. 그러나 현실에서는 작은 차이로 너무 큰 결정이 이뤄지게 되므로 후보들 입장에서는 조금이라도 좋은 조건의 여론조사 설계를 채택해야 할 수밖에 없습니다. 따라서 이런 경우, 여론조사의 설계가 어떻게 되어야 하는지를 둘러싼 샅바싸움이 물밑에서 숨 막히게 벌어집니다

과거 대통령 선거를 앞두고 경선단계나 후보단일화를 하는 과정에서 이러한 샅바싸움이 실제 치열했습니다. 어떤 질문이 내게 더 유리한지, 그리고 어떤 방식으로, 어떤 설계로, 또는 어느 여론조사기관이 하는 것이 유리한지를 둘러싸고 소모적인 다툼을 하였습니다. 각 후보의 참모진들은 조사설계나 진행 상의 작은 것 하나를 결정할 때에도 전화를 붙잡고 전문가들과 상의하기도 했습니다. 또 문항 하나를 결정하는데 협상하는 양측이 극단적으로 충돌해 결국 단일화 협상이 깨지기도 했습니다. 최근에 와서 후보단일화가 잘 안 되는 이유는 '단일화 과정' 자체가 국민들에게 거부감을 주는 것이 근본적 이유이지만, 여론조사의 설계에 따른 유불리가 뻔히 보이는 상황에서 서로에게 유리한 조건을 관철하려고 줄다리기를 하다가 깨지는 것도 영향을 미쳤다고 볼 수 있습니다.

결론적으로 말씀드리면, 여론조사는 비록 의도하지 않더라도 조사설계에 따라 누가 유리한지, 불리한 지에 대한 시비가 생길 수 있습니다. 조사전문가들도 다소 한 쪽에 편향된 데이터라는 생각이 들 때, 조사설계 상에 '편향성'을 만들어 낼 수 있는 특성이 없는지 살펴보기도 합니다.

# 13. 질문을 바꿔 답변을 유도하는 여론조작

여론조사마다, 더 정확히 말하면 여론조사회사마다 결과가 다르게 나타나는 이유는 뭘까요? 사실 여론조사 관련 기사를 읽는 독자로서는 그것만큼 의아하고 짜증나는 것도 없을 것 같습니다. 선거 때 후보지지도는 물론 평소 공표되는 대통령 지지도도 발표되는 것들마다 각기 다른 경우가 꽤 많습니다. 사회적으로 뜨거운 현안으로 떠오른 사건이나 정책 등에 대해서도 결과들이 서로 달라 의미가 충돌하는 경우까지 종종 있습니다. 읽는 사람으로서는 뭘 믿어야 할지도 모르겠고, 관심이 큰 이슈라면 정말 짜증이 날 수도 있습니다.

## 설문지 문항은 여론조작 시비의 출발점이다

조사회사마다 결과가 다른 것을 딱 한 가지 이유만으로 설명할 수는 없습니다. 앞서 말씀드렸듯이 조사설계가 다르거나, 면접과정 등에서 발생하는 다양한 오차(즉, 비표본오차)로 인해 결과가 달라질 수도 있습니다. 다만 그런 차원에서 다른 결과가 나타나는 것은 정말 악의적인 경우 이외에는 언론사나 조사회사의 '의도'와는 일정 수준 거리가 있습니다. 일부러 그런 조사설계나 면접 가이드라인을 만들었다기보다는 나름대로 '자기들 식'으로 하다 보니 그런 결과가 나타난 경우가 더 많습니다.

그러나 '문항', 즉 어떻게 물어보느냐? 또는 어떻게 질문과 답변을 구성하느냐에 따라서 결과가 달라지는 것은 애초부터 그것을 만드는 사람의 입장이나 관점, 또는 의도까지가 반영되는 것이어서 논의의 차원이 다릅니다. 그동안 설명한 여론조사에 대한 방법 또는 기술적 문제와는 달리, 누군가의 꽤 적극적 '의도' 또는 '주관적 입장'이 개입하는 것이라서 '여론조작'에 한 발 더 가까이 가는 셈입니다.

## 묻고 싶은 것만 묻는 것은 사실상 여론조작이다

주변에서 간혹 보는 여론조사 질문이나 앙케트, 또는 직접 길러오는 여론조사 전화에서의 질문들을 들어보면 별것 없이 간단하다고 느끼실 수 있습니다. 예를 들면 "~에 얼마나 만족하세요?", "들어본 적이 있습니까?", 나아가 "대통령으로서 직무를 잘 수행하고 있다고 보세요?" 등등 말이죠. 그러나 간단하다고 간단한 것이 아닙니다. 얼핏 간단하게 느끼는 질문에도 만드는 사람의 관점과 의도가 숨겨져 있게 마련이죠. 어쨌든 정책이나 사회적 핫이슈, 또는 선거보도를 위한 언론사들의 여론조사 설문지는 꽤 신중하게 그리고 '교묘하게' 만들어집니다.

설문지 문항을 만들고 최종적으로 결정하는 것은 보통 일이 아닙니다. 당장 조사회사에서도 설문지를 직접 만들려면 상당한 경력과 실력이 필요합니다. 또 조사회사 내부에서조차 견해차로 인한 줄다리기가 있습니다. 특히 말 많고 탈 많은, 예민한 정치 분야의 설문지라면 정치 전반 상황, 또는 정치이론에 대해서도 해박해야 함은 물론입니다. 한 마디로 여론조사에서 '문항'의 중요성은 정말 큽니다. 여론조사의 설계와 관련한 어지간한 논의들도 문항 자체가 가지는 영향력보다 크다고 보기는 어렵습니다. 따라서, 범죄 수준의 불법적 수단을 동원하는 것이 아니라면, '문항'이야말로 여론왜곡 또는 조작의 의도가 개입하는 가장 확실한 통로입니다. 다만, 일정 수준 고의적이라 하더라도 그러한 질문이 정상적 수준이냐, 아니면 조작이냐를 가지고 '논란'이 일어날 수 있습니다. 또 의도적으로, 묻고 싶은 것만을 묻는 것이 사실상 조작이더라도 어떤 차원에서 따질지 애매합니다.

본론으로 돌아갑니다. 조사회사마다 결과가 다른 이유 중 가장 확실한 것은 '질문'이 다르기 때문입니다. 질문을 구성하는 문장도 다르고, 답변 및 보기구성도 다르고, 물어보는 각도도 다르고, 또 문항의 순서와 배치가 다를 수도 있습니다. 반대로 보면 다르게 물어봤는데 똑같이 나오는 것은 정말 이상한 일입니다.

어쨌든 이처럼 설문지를 구성하는 질문과 답변들은 섬세하고 조심스럽게 다뤄야 합니다. 조금만 달라져도 다른 답변이 나올 가능성이 높습니다. '글과 말'을 다루는 분들이 잘 알듯이, 문장 내에서 부사나 어조사 하나조차, 단 '한 글자'의 차이도 그것이 가지는 중요성은 작지 않습니다. 그래서 어떤 여론조사 결과를 보고 문제가 있다고 느낄 때는 반드시 문항을 확인해야 합니다. 실제 같은 주제에 대해 다른 응답이 나왔을 때도 질문을 보면 설명이 되는 경우가 많습니다. 응답자 역시 유도된 설문지에 대한 답을 할 때는 못 느낄 수도 있지만, 해당 문항을 따로 빼놓고 잘 들여다보면 어떤 입장이 유도되었는지 어렵지 않게 알아차릴 수 있습니다.

## 질문자의 의도에 따라 응답이 유도될 수 있다

예를 들면, '반드시', '꼭'과 같은 부사를 설문지 상의 문장에 집어넣으면, 그것은 응답자들이 '부정적으로 응답하기를 바라고 만드는 것'과 다를 바 없습니다. 자기 생활에 충실한 국민들로서는 정치나 정부 일과 관련 난데없이 전화해서 무엇인가를 '꼭' 해야 하는지, 안 해야 하는 지를 물으면 '글쎄'라는 생각이 안 들 수 없습니다. 대통령이 이 일을 '꼭' 해야 한다고 보십니까? 라고 물으면, 뭐 꼭 해야 할 필요까지 있겠나 싶어 '그렇지 않다'가 증가할 수 있죠.

반대로 '~하더라도'라든지 '~한다면', '~와 관계없이' 등 보통 영어에서 말하는 '양보조건절'도 마찬가지입니다. 예를 들어 설명하겠습니다. "비용이 부담이 되더라도 지원해줘야 하느냐?" 등의 질문도 이에 해당되고, "수사결과와 관계없이 사임해야 하느냐?", "지역발전에 도움이 된다면~"과 같은 문장들이 대표적이죠. 긍정 또는 부정적 답변을 유도하고 있는 것으로 봐야 합니다. 즉 '부담이 되는데도 지원해주는 것'은 속알 머리가 없는 사람들이 하는 짓입니다. 또 '수사결과도 안 보고 사퇴하라는 사람'은 과격하고 모가 난 사람입니다. '지역발전에 도움이 된다'는데 그 정책을 반대하는 사람은 애향심이 없는 것이죠. 이렇게 글로 설명을 드리면 '그럴 수도 있겠구나.' 하시겠지만, 당장 그렇게 질문하면 자기도 모르는 사이에 응답할 수 있는 범위가 줄어들거나 응답의 방향이 유도되는 것입니다. 물어보는 문장이 단순하고 쉽다고 해서 질문자의 의도가 없는 것이 아닙니다. 오히려 가장 단순한 질문으로 의도된 응답을 유도하는 것이야말로 '고급조작 기술'로 봐야 합니다.

같은 주제라도 문장이 달라지면 결과가 달라지는 사례도 설명하겠습니다. 앞서처럼 형용사, 부사 등을 안 쓰더라도 말입니다. 여러분은 정확한 차기 대통령 후보 지지도를 알기 위해 어떤 질문을 사용하고 싶으신가요? 한 번 머릿속에서 만들어 보시기 바랍니다.

실제로 여론조사에 쓰일 수 있는 세 가지 질문유형을 보여드리겠습니다.

(1) 다음 대통령으로 다음 중 누구를 지지하십니까?
(2) 다음 중 누가 차기 대통령이 되기를 바라십니까?
(3) 다음 대통령 후보 중 가장 호감 가는 사람은 누구입니까?

똑같은 질문인 것 같은가요? 아니면 분명 다르고 결과도 다를 것으로 보십니까? 문장은 세 가지 모두 단순하고 평범하지요. 그러나 세 질문은 각기 다른 결과로 나타날 수 있고 전문가들은 무엇보다 그것이 현재 거

론되는 대선후보 중 누구에게 각 질문이 유리해지는지도 대략 짐작을 해 냅니다.

먼저, (1)의 경우 가장 적극적인 지지를 확인하는 질문이고, (3)의 경우 소극적으로 지지하는 사람의 답변까지 끌어낼 수 있는 질문으로 볼 수 있습니다. 이것을 달리 말하면 (1)번 문항은 고정지지층이나 팬덤이 많은 후보자가 유리하고, (3)번 질문의 경우에는 강한 지지층은 없어도 대체로 지지층의 범위가 넓은, 또는 유동층까지를 아우르는 후보에게 유리할 수 있습니다. (2)번 질문은 중간 정도라 할 수 있겠죠. 즉 '지지'에도 정도와 수준의 차이가 있는 만큼, 다른 질문을 활용하거나 얼마나 캐묻냐(probing)에 따라 특정 집단을 떨구거나 포함할 수 있습니다. 이 부분은 약간 이해하기 어려우시겠지만 대부분의 비전문가는 아예 신경도 쓰지 않는 '무응답'이라는 구조를 통해 가능한 것입니다. 전문적 이야기이니 자세히 설명은 안 하고 넘어가지만 '무응답' 크기나 특성을 확인하고 분석할 줄 알면 숙련된 조사전문가로 봐도 무방합니다.

### 문항의 순서와 배치가 응답에 영향을 준다

여론조사 문항과 관련한 '조작시비' 중 빈번한 것 중 하나가 문항들의 순서, 또는 배치입니다. 예를 들면 어떤 후보나 정부가 '악재'로 인해 어려운 상황에 빠져 있다고 칩니다. 해당 악재에 대해 잔뜩 이러쿵저러쿵 질문한 다음에 후보나 대통령에 대한 지지도를 묻는 것은 당연히 문제가 있습니다. 예를 들면 만일 대선후보나 장관 등 주요 정무직 공무원의 뇌물청탁 사건이 터졌을 때 이에 대한 관심도나 심각성에 대해 질문을 한 후, 뒤쪽 어딘가에 지지도나 신임을 묻는 질문 등을 배치한다면 논란이 된다는 것입니다. 따라서 최근에는 대체로 후보 지지도든 대통령 지지도이든 가급적 앞쪽에 어떤 질문도 넣지 않고 설문지 가장 앞에 문항을 배치하는 경우가 많습니다.

제가 여기서 말씀드리고 싶은 것은 여론조사의 문항 작성은 공정한 여론조사에 있어 정말 중요하고 생각보다 훨씬 예민하며, 조금만 말을 바꾸거나 순서를 바꿔도 결과가 달라질 수 있다는 점입니다. 처음부터 작정하고 상대방의 말을 비판하려는 입장에 있거나, 동시에 말과 글에 대한 상당한 훈련과 경험이 있어야만, 질문자의 의도에서 벗어나 방어가 가능하다고 볼 수 있습니다.

그러나 대개 모든 조사전문가들은 설문과 관련된 '논란'과 '사고'를 대비해 문항작성에 신중을 기합니다. 실제 알게 모르게 조사기관 내부에서조차 문항을 둘러싼 시비도 많습니다. 문항에 대한 최종적 승인권을 가지고 있다고 볼 수 있는 언론사 역시도 설문을 통해 '편집'의 의도를 가실 수 있습니다. 즉 언론사 역시 정치적 관점을 가지고 있으므로 해당 사건에 대한 질문 작성에 상당한 영향을 행사하는 경우가 많습니다.

사실 전문가마다, 또 회사마다 문항 또는 설문지에 대한 자신의 원칙도 다르고 스타일도 다르게 마련입니다. 딱 이래야 한다 저래야 한다고 말하기 어려운 것은 언어 자체가 언제나 불안정, 또는 불완전한 측면이 있고 또 애초부터 모든 사람의 생각이 자신의 '입장'에서 출발하므로 뚜렷이 옳다 그르다 평가하기 힘들기 때문입니다. 즉 어떤 질문이 이쪽에서 보면 너무 공평한데, 저쪽에서 보면 분명 편파적이라고 문제를 제기할 수도 있습니다. 결국 이럴 때는 서로의 주관적 입장을 어느 정도 인정하면서, '상황'과 '맥락' 속에서 판단할 수밖에는 없습니다.

### 애초부터 물어봐서는 안 되는 질문이 있다

정리하는 의미에서 문항 및 설문지 작성에 있어 '여론조작'으로 볼 수 있는 세 가지 정도의 심각한 행태를 짚고 넘어가려 합니다.

첫째, 아직 '여론'이 형성되지 않은 생소한 현안에 대해 질문하면서 이러저러한 정보를 제공하면서 장황하게 질문하는 것은 사실상의 여론조작으로 볼 수 있습니다. 제가 생각하는 여론이 형성되었느냐 안 되었느냐의 기준은 과연 사람들이 해당 주제를 카페나 술집에서의 이야깃거리가 될 정도로 그 소식이 확산되어 있느냐가 첫 번째 조건입니다. 다음은 그것이 전문적 내용 등이어서 평가를 내리기 어려워서는 안 되고, 사람들이 해당 내용에 대해 어떤 감정이 형성되어 있어야 한다는 것입니다. 잘 알지도 못하고, 나쁜지 좋은지 아무 느낌도 없는데 이런저런 논리를 대며 물어보는 것은 유도나 다를 바 없다는 것입니다. 예를 들면, 전문가나 소수의 당사자들밖에 알지 못하는 외국과의 어떤 조약이나 협약에 대해 질문하거나, 이번에 수사를 받고 있는 해당 정치인이 죄가 있다고 보느냐? 없다고 보느냐? 또한 마찬가지입니다.

다음은 정부나 정당 등이 자신들의 주장이나 논리를 일방적으로 제시한 후 사람들이 이것을 어떻게 받아들이는지, 또는 얼마나 긍정적으로 수용하는지를 질문하는 것도 '경우에 따라' 조작이 됩니다. 예를 들어 봅니다. "침체에 허덕이는 지역경제를 위해 이번에 정부가 발표한 국가시설을 적극적으로 유치하는 것에 대해 어떻게 생각하십니까?"와 같은 질문 등도 이에 해당합니다. 사실 이런 문항은 이미 질문의 내용 자체가 설득이나 홍보나 다를 바 없기도 합니다. 물론 후보나 정당, 정부나 지자체 등의 담당자들은 자신들의 생각을 묻고 반응을 살펴보는 것이 무엇이 문제이냐고 반문할 수 있습니다. 그러나 이렇게 적극적 논리에 대한 '수용도(acceptance)'를 측정하기 위해 설계된 질문은 외부에 흘러 나와서는 안 되고, 특히 언론사 여론조사에서 이런 질문을 한다면 조작에 가깝습니다.

마지막으로 앞에서도 지적했지만 문장을 구성할 때 형용사나 부사를 남발하거나, 아니면 이미 윤리적 가치관이 개입되는 양보 조건절을 사용하거나, 또 내용상 논리의 결함이 있는 문장을 답으로 제시해 응답을 회피하게 만드는 악의적 문장 편집은 가장 흔한 '여론조작'입니다. 여론조사의 경우 문장구성에 있어 기계적 형평성을 중시하고 가능한 범위 내에서 문장구조가 단순명료할 필요가 있습니다. 질문이든 답변이든 꾸밈말이 많고 설명이 많은 것은 결국 유도나 기피의 결과로 나타날 수밖에 없습니다. 특히 객관식 답변, 즉 '보기'들의 문장 길이나 문장구성이나 형식(주어, 동사, 형용사 등의 배치와 그 표현강도 등) 자체도 가급적 동일하게 맞출 필요가 있습니다.

## '같은 주제, 다른 결과?'
## 잘 들여다보면 알 수 있는 진짜 여론!

조금 장황하게 전문적 토론이 필요한 부분을 설명드린 이유는 여론조사에서 문항이 중요하고, 문항에 의한 편향성이 심각한 문제임을 말씀드리려는 것입니다. 비록 여론조사 전문가마다 입장이 다르다는 것을 인정하더라도 아무리 봐도 그렇게 물어보면 안 될 것 같은 부적절한 문항들이 현실적으로 결코 적지 않습니다. 또 상대적으로 기계적 중립성을 중시하는 여론조사 회사와 달리, 일정 수준 자신들의 가치관이나 관점을 가진 언론사들, 그리고 정당이나 정부부처조차도 여론조사기관에 갑으로서 '편향된' 문항을 요구하고, 여론조사 회사 역시 어쩔 수 없이 타협을 하는 경우도 적지 않습니다. 물론 이때 여론조사회사의 책무는 해당 주제에 대한 여론을 정확히 공정하게 파악할 수 있는 설문을 만들어야 하는 것이죠.

사실 여론조사를 읽는 시민, 또는 독자들이 직접 여론조사에 쓰인 질문과 답변의 내용을 알고 그 결과를 해석하기란 쉽지 않습니다. 그러나 질문내용이나 설문지 구성 등에 '의도'가 개입해 꽤 문제가 있음에도 '거두절미'하고 공표되면 여론조작 시비가 일어나게 됩니다. 일반 독자, 시민들이 어떤 여론조사의 결과가 문제가 있다고 생각될 때, 또는 본격적으로 문제제기를 할 때는 번거롭더라도 설문지를 확인해야 합니다. '의도'를 품은 여론조사기관과 언론사가 애용하는 가장 큰 '허점'은 사람들이 결과에 흥분하면서도 질문은 잘 확인하지 않는다는 것입니다.

또 중요한 팁을 드리자면, 같은 주제에 대한 각기 다른 여론조사 회사들의 문항과 답변, 그리고 결과들을 비교하면 생각보다 '여론'이 잘 보입니다. 즉 '그것에 대한 여론은 이렇다, 왜냐하면 이렇게 물었을 때는 이렇게 나왔고 저렇게 물었을 때는 저렇게 나왔기 때문이다.'라고 요약할 수 있게 됩니다. 또 그런 문장분석을 하다보면 '누가 어떤 여론을 원하는가?' 하는 여론조작의 '의도'도 의외로 잘 볼 수 있습니다.

# 14. 해석으로 결과의 의미를 호도하기

여론조사 진행과정에서 선입견이나 의도가 개입되다 보면 사후적으로 말썽이 나게 마련입니다. 결국 '의도가 반영된' 조사가 공표되면 그 때문에 '무엇이 여론이냐'를 둘러싼 갖가지 논란이 일어나게 됩니다. 여론조사는 대체로 사람들의 관심도 크고 예민한 현안들을 질문하기 때문에 결과가 이상하면 쉽게 넘어갈 수가 없고, 또 여론조사기관도 한 곳만 있는 것이 아니므로 무엇이 진짜 여론이냐를 가지고 논란이 생기는 것이지요.

앞글에서 말씀드렸듯이 여론조사의 문항 즉 설문지 자체만큼 실질적으로 여론조사 결과를 왜곡시키는 것은 없습니다. 다만 문항에 못지않게 '여론조사를 어떻게 읽느냐?'도 여론조사 결과의 의미를 비틀고 왜곡시킬 수 있습니다. 여론조사의 문항을 나름대로 중립적으로 만들었다 쳐도, 분석이나 해석, 그리고 기사작성 과정에서 편향성이 생길 수 있다는 것입니다. 이처럼 결과를 읽는 과정에서 그 의미를 왜곡하는 작업이 고의적이고 악의적이라면 이 역시 여론조작에 해당될 수밖에 없습니다.

## 해석하면 할수록 의미가 왜곡된다

사실 조사기관 내부에서는 여론조사 결과를 읽을 때 단순하고 건조하게 읽는 방식, 즉 되도록 의미를 부여하거나 강조하지 않고 수치 자체를 중심으로 있는 그대로 읽어주는 것을 선호합니다. 앞서 문항작성 때와 마찬가지로, 분석과 해석을 하는 데 있어, 형용사나 부사 등을 적극적으로 활용하여 '감성적으로' 기술하는 것은 사실상 결과에 대한 해석상의 개입이 될 수 있습니다. 또 여러 가지 추가 분석, 또는 고급통계 기법으로 현란하게 결과를 포장하는 것도 지나치면 독이 됩니다. 마케팅 영역의 조사 등에서는 새로운 테크닉을 동원한 '뭔가 특별한 분석'이 문제가 안 되지만, '의미'의 해석을 둘러싸고 민감하게 대립할 가능성이 높은 정치, 사회 영역의 여론조사에서는 '기발하고 멋있는' 분석은 무리가 따릅니다.

다만 이렇게 교과서적으로 분석하고 기술하는 방식은 재미가 없고, 자칫 수치가 가진 함축된 의미를 일반 독자에게 제대로 전달하지 못할 수가 있다 보니 조사기관 나름대로 비교자료 등을 제시하고 특정 사건과 결부시켜 적극적으로 해석을 해주게 됩니다. 언론도 마찬가지입니다. 아무래도 독자들에게 읽히는 기사를 작성하려다 보니 흥미를 유발하는 주목도 높은 글쓰기를 하려고 '무리'를 할 수가 있습니다. 그러나 통계학이나 조사방법론에 기초를 둔, 즉 다소 엄격하고 전문적이고 기술적 영역인 '여론조사'를 재미있게 읽고 쓰려는 노력은 신중해야 할 수밖에 없습니다.

### 비교하지 않은 의미해석에는 조작 가능성이 있다!

같은 수치를 다르게 읽는 간단한 예를 들어드립니다. "선생님께서는 앞으로 1년 남은 총선에 얼마나 관심을 가지고 계세요?"라는 질문에 40%의 응답자가 '관심이 있다.'라고 응답했다 칩니다. 이 결과를 먼저 "유권자, 10명 중 4명이 내년 총선에 관심이 있다."라고 읽을 수도 있습니다. 이렇게 기술하면, 선거가 1년이나 남았는데도 벌써부터 관심이 생기고 있다는 설명과 연결될 수 있습니다. 그러나 반대로 똑같은 결과를 "차기 총선 관심도 절반 밑돌아."라고 읽을 수도 있습니다. 읽는 독자로서는 사람들이 어지러운 정국으로 인해 정치에 관심이 없어졌다고 생각할 수도 있고, 기사 역시 그런 쪽에 주안점을 두고 작성될 수 있습니다.

만일 자료가 풍부한 여론조사 회사라면 바로 이전 총선 때 물었던 동일한 문항 및 결과를 비교자료로 보여줄 수도 있었겠습니다. 즉 "지난 20대 총선에서 질문했던 '1년 전 선거 관심도' 자료와 비교해 보면, 이번 총선에 대한 관심도는 소폭 올라갔다." 등으로 참고자료를 제공할 수도 있겠지요. 그런 비교의 기준이 되는 자료도 제시하지 않은 채, 그냥 해석상의 '기교'로 관심도가 높으니 낮으니 말하는 것은 좀 위험합니다.

표집오차 내 변화나 차이 등을 적극적으로 해석하는 것도 문제입니다. 앞부분 표집오차에 대한 글에서도 말씀드렸지만, 1,000명 성인남녀 여론조사라고 가정했을 때, 표집오차인 ±3.1%P(95% 신뢰도) 이내에서의 차이나 변화를 실제 '차이가 있느니 없느니', 또는 '상승 또는 하락했다.'라는 단정적 표현을 써서 눈길을 끄는 것도 좋은 해석 방식이 아니라는 것이죠. 예를 들면 대통령 지지도가 지난주에 33%였고, 이번 주에는 31%로 나타난 결과를, 단정하듯이 '내려갔다'라고 쓰고, 그 원인으로 여러 특정한 사건을 마치 장식 달듯이 주렁주렁 끌어들이고 갖다 붙이는 것은 솔직히 보기 민망합니다. 조사 전문가라면 머릿속에는 분명 들어 있을, 변수 간 인과관계 검증이나 유의도 문제, 나아가 공변량 문제 등을 한 번에 '깡그리' 무시하는 것이죠. 악의적이 아니더라도 그런 식의 흥미 유발

성 해석방식은 독자들에게 널뛰기하는 여론조사라는 불신을 만들게 됩니다.

물론 최근 우리나라 여론조사 회사들은 요일별로 시간흐름에 따른 분석이 가능한 표집방식 등을 써서 사건발생과 여론조사 상의 수치 변화와의 관련성을 설명할 수 있도록 노력하기도 합니다. 그러나 이 경우라 하더라도 대통령 및 정당 지지도 등 일종의 '지표(index)' 문항 등에서 표집오차 내 수치변동을 적극적으로 여러 가지 이유를 달아 설명하는 것은 해석상의 '개입'이라고 말할 만합니다.

약간 전문적 논의이긴 하지만, 수일 동안 표본을 나누어 조사하여 이를 합산하거나, 매일 새로운 표본을 일정 비율 교체하는 방식(즉, 'moving average' 방식의 여론조사) 등은 표집오차가 꽤 커지게 되는 문제가 발생할 수 있습니다. 또 커뮤니케이션 다단계 이론 등 '태도가 결정되고 여론이 형성되는 과정'에 대한 이론적 논의를 참조하면, 해당 요일의 수치변화가 '그' 사건 때문이라고 설명하는 것 역시 위험하기는 마찬가지입니다. 즉 당일의 여론조사가 그날 일어난 사건에 대한 대중의 반응을 측정할 수 있다는 주장은 학술적 관점에서는 상당한 문제가 있습니다.

따라서 지지도 수치를 적극적으로 해석하려 할 경우, (비록 다른 조사회사의 것이라도)관련된 다른 문항들의 결과를 함께 제시하거나 연관 통계자료 등을 활용해 해석의 정당성을 보완할 필요가 있습니다. 또 해당 사건 직후에 그것의 영향을 단정 지으려 하기보다는, 어느 정도 시간을 두고 중장기적(여론의 경우, 일주일이나 한 달 등) 흐름에 주목해서 사후적으로 분석해도 충분히 쓸 만한 분석이 나오게 됩니다.

## 결과를 정리하는 방식에 따라 의미가 뒤집힌다

한편, '조사결과를 어떻게 정리해서 보여주느냐(data reduction)'에 따라서도 여론조사의 의미가 달라지거나 왜곡됩니다. 꼭 조작은 아니지만, 대표적인 것이 이른바 '중간' 척도를 이용한 의미 뒤집기입니다. 즉 데이터를 어떻게 보여주고 읽느냐에 따라 의미를 뒤집는 예를 보여드리는 것입니다.

만일 "선생님께서는 현 정부의 국정방향에 대해 어떻게 생각하십니까?"라고 물었을 때, 단순하게 양자척도 즉 '긍정적이다'와 '부정적이다'라는 대답으로 문항을 작성할 수 있습니다. 반면, 중간/중립 척도를 활용해 '보통이다', '중간이다' 또는 '긍정도 부정도 아니다' 등의 보기를 넣을 수도 있습니다. 정치나 사회적 현안에 대해 중간척도를 쓰느냐 마느냐는 그 자체로는 옳고 그름을 따지기는 힘들지만, 그것을 해석하고 활용하는 단계에서는 여러 가지 문제가 발생합니다.

예를 들어 '긍정+보통'을 합쳐서 읽게 되면 대부분의 경우 50%를 넘기게 되어 있습니다. 이렇게 되면 현 정부의 국정방향에 '문제가 없다'라고 생각하는 비율이 항상 절반에 넘을 가능성이 있습니다. 반대로 '부정+보통'을 합친 수치에 초점을 맞추면 당연히 절반 이상의 '부정평가' 수치가 나옵니다. 즉 현 정부의 국정방향에 긍정적으로 생각하는 사람은 언제나 절반에 못 미치게 되는 것이죠. 즉 '보통'을 어디다 갖다 붙여 해석하느냐에 따라 의미가 확 달라집니다.

반대로 '보통'을 따로 떼서 읽으면 어떻게 될까요? 긍정과 부정 모두 값이 줄어듭니다. 예를 들어, 국정방향에 대한 평가질문의 결과가 긍정 30%, 보통 40%, 부정 30%로 나타났다면, 이것을 국정방향 긍정평가가 30% 밖에 안 된다고 읽을 수도 있고, 부정 평가가 30% 밖에 안 된다고 읽을 수 있게 됩니다. 그래서 다른 나라에서도 태도나 가치를 묻는 정치, 사회영역의 여론조사는 문항의 답변에서 '중간값'을 빼는 경우가 많습니다. 정치, 사회문제는 이념과 가치지향의 문제이므로 객관적 '정도'의 측정이 어려운 영역이라는 얘기입니다. 물론 이런 양자택일 방식, 즉 명명척도는 변수의 연속적 측정이나 중간값을 중시하는 통계학적 관점에서는 그리 바람직하지 않다고 보기도 합니다.

여론조사 문항을 어떤 방식이나 측정수준으로 만드느냐, 어떻게 정리해 읽어주느냐에 따라 그야말로 상당한 '해석 재량권'이 생기는 겁니다. 반면, 일반 독자들이나 비전문가들은 설문구조를 잘 모르거나 확인하지 않으므로 '해석해 주는 대로' 읽게 됩니다.

## 고급 분석기법이나 노하우의 활용이 여론을 왜곡한다?

한편 결과 분석을 둘러싸고 논란이 되었던 또 다른 이슈가 바로 '분석 모형'과 관련한 것이었습니다. 이 문제는 대개 '선거결과를 예상하는' 여론조사를 중심으로 발생합니다. 간단히 말해, 정확한 선거예측을 위해 여론조사 회사가 노하우를 동원해 고급통계분석 또는 기타 분석 테크닉을 쓸 때 지지도 수치가 달라지는데, 이것이 자칫 '여론'을 조작한다는 시비로 이어지는 것입니다.

사실 이러한 분석이 시도되는 이유는 여론조사 회사들의 현실적 '고충' 때문입니다. 즉 선거에서의 '실제투표'와 여론조사 간에는 근본적으로 모집단 자체가 다르다는 특성 상 차이가 있습니다. 앞쪽 '숨은표' 부분에서 자세히 설명을 했듯이 여론조사 모집단은 전 유권자이고, 선거결과의 모집단은 투표참여자입니다. 따라서 조사회사로서는 실제 투표결과에 좀 더 가까운 수치를 발표하기 위해, 기술적 분석을 시도하게 됩니다. 즉 후보지지도를 계산할 때, '투표 참여의향' 문항 등을 이용해 투표할 가능성이 낮은 사람들을 제외하고 지지도 수치를 계산해 보기도 하는 것이 대표적입니다. 즉 '투표의향자들만의 지지도'입니다. 또 응답을 안 한 '응답거절층' 등의 정치성향을 따로 분석해, 비록 지지하는 후보에 대해서는 답을 안 했지만 이 사람은 이 정당의 후보를 지지할 것이라는 예측을 해 볼 수 있습니다. '유동층' 또는 '무응답층' 분석을 말합니다.

사실 고급 통계기법 등을 포함한 이 같은 추가분석은 나름대로 타당한 이유가 있고 조사전문가들로서는 자신의 실력과 노하우를 활용해 진전된 분석예측 모형을 만드는 것이므로 꽤 의미 있는 일입니다. 실제 선거 당일 공표되는 예측조사 등에서는 이러한 모형들이 동원되기도 합니다. 그러나 문제는 이 같은 분석방법을 적용해 투표 전에 공표하면 정당 및 후보 간 유불리가 달라진다는 문제가 생깁니다. 어떤 경우에는 우세후보와 열세후보가 뒤집힐 수도 있죠. 이렇게 되면 당장 후보들이나 정당, 또는 지지자들로서는 '도대체 무슨 근거로 너희 맘대로 분석을 하느냐?'라고 항의할 수 있게 됩니다. 최근에는 그래서 단순 지지도 수치가 실제 예측치와 꽤 다를 수 있음을 알더라도 일단 그대로 발표하되, 회사 특성에 따라 별도로 예측치를 내놓기도 합니다.

지금까지 설명드린, 분석과 해석을 둘러싼 왜곡 문제는 여론조사 회사에서부터 문제가 발생할 수도 있고, 언론사의 기사작성 과정에서 발생하는 것일 수도 있습니다. 다만 이러한 문제들이 단지 입장과 견해 차이에서 오는 건지, 또 알면서도 부작용을 감수하고 '지르는' 것인지는 다소 애매합니다. 중요한 것은 읽는 독자들이 이들 전문적 기술을 가진 '정보생산자'들이 구사하는 분석 및 해석상의 절묘한 '기교'를 한눈에 간파하기 힘들다는 것입니다.

어쩔 수 없이 시민 또는 독자들은 의미를 왜곡하는 '기술'들을 찾고 비판하기 위해서는 번거로운 수고를 해야 합니다. 즉 설문지 문항, 그리고 조사결과, 또 조사회사 및 언론사의 분석과 해석을 일일이 대조하면서 판단해야 합니다.

## 선을 넘어 결국 범죄가 된 여론조사

대개 여론조사 결과가 나오기까지 상당히 많은 사람의 손을 거치므로 아무도 모르게 누구 한 명이 조작하기란 쉽지 않습니다. 또 여론조사를 진행하면서 수집되고 작성되는 자료들은 정해진 기간 동안 법적으로 보존해야 하는 의무가 있어 논란이 되어 제3자가 들여다보면 대개 금방 들통이 납니다. 또 조사기관 입장에서는 조작해서 얻는 이익이란 것이 거의 없어서 굳이 선을 넘어 범죄를 저지를 이유도 마땅치 않습니다. 특히 전문가 입장에서 여론조사를 조작하기 어려운 이유는 같은 주제나 유사한 문항의 여론조사를 여러 군데에서 동시에 하기 때문입니다. 그야말로 '튀는' 데이터를 연달아 내놓게 되어 '편향된' 곳이라는 인식을 심어 공신력에 타격을 입게 됩니다.

그럼에도 불구하고 여론조사와 관련된 범죄는 꽤 다양합니다. 이러한 범죄의 특성을 분명히 밝혀 두자면 앞서도 지적했듯이 거의 모든 경우 '정당' 및 '후보'가 중심이 된다는 것입니다. 즉 보통 여론조사 관련 범죄들은 조작을 통해 이득을 보는 당사자, 그리고 실질적 이득이 분명해야만 의도적이고 계획적으로 실행됩니다. 여기서는 대표적인 사례만 간략히 설명 드리겠습니다.

### (1) 불법착신전화로 '회선 가로채기'

여론조사의 조작과 관련 가장 문제가 되었던 범죄는 전화선을 다량으로 확보하고, 불법착신전환 기능 등을 이용해 결과를 조작하기 위해 회선을 가로채는 것입니다. 지금은 공직선거법 상 '출마제한' 등 엄격한 처벌 규정 등을 두어 그나마 많이 줄어든 상태이지만 완전히 없어진 것 같지는 않습니다. 간단히 말하면 공천을 받아 출마를 원하는 후보가 단기 전화회선을 미리 대량으로 임대해놓고 공천평가에 반영되는 여론조사가 시작되면 미리 대기하던 몇 사람에게 전화를 받도록 해서 자기한테 유리한 응답을 해서 조작하는 것입니다.

이 방식은 전국 단위의 일반 국민 여론조사보다는 주로 국회의원 선거구나 기초단체와 같은 제한된 지역을 범위로 할 때 일어나게 됩니다. 이 같은 방식이 효과를 보는 이유는 아무래도 응답률이 낮은 현실에서 그야말로 기다렸다는 듯이 계속 전화를 받아 응답하면 실제 결과를 조작하는 것이 가능하기 때문입니다. 최근에는 특히 휴대전화를 대량으로 확보하거나, 요금청구지를 해당 지역으로 변경하여 여론조사 대상자에 '우리편'을 끼워 넣는 형태로 조작을 시도하기도 합니다. 한편, 이 같은 회선 가로채기를 이용한 여론조사 조작이 본선 등에서 '우리 측이 이긴다'는 허위정보를 퍼뜨리기 위해서 활용되는 경우도 있었습니다.

### (2) 응답자 명부조작

보통 정당들은 공천에 일반 국민의 여론조사 결과를 반영하기도 하고, 동시에 일정 조건을 만족하는 '당원'들의 의견도 함께 반영하게 됩니다. 특히 당원의 경우에는 불특정다수가 아니라 한정된 숫자의 '조직' 형태를 가지므로 응답대상자 명부가 조작되면 결과의 왜곡이 직접 나타날 수 있습니다. 이처럼 정당의 공천이나 경선 여론조사에서 자신에게 유리하도록 조건이 안 맞는 자기 편 사람들을 응답자명부에 집어넣는 대신, 반대로 상대편에게 유리한 사람들은 명부에서 들어내는 식으로 조작을 하는 경우가 있었습니다.

### (3) 떴다방 여론조사회사들의 각종 폐해

'떴다방' 여론조사는 말 그대로 선거 때가 되면 '듣지도 보지도' 못하던 여론조사회사들이 우르르 생겨났다가 사라지는 것을 말합니다. 전국 단위의 여론조사를 실시하는 알려진 조사회사가 아닌, 대개 특정 지역을 중심으로 등록하거나 활동하는 소규모 업체들이 대다수입니다. ARS 업체가 많긴 하지만 실제 일반전화 여론조사 역시 수행합니다.

이들 떴다방 회사들은 애초부터 불법적 여론조사를 염두에 두고 만들어질 수 있습니다. 즉 애초부터 후보 측과 짜고 여론조사를 홍보나 비방에 악용하거나, 결과를 조작하여 지역신문 등에 조작된 조사결과를 게재하도록 합니다. 특정 후보의 이름과 경력만 계속 불러서 인지도를 높이거나 그럴듯한 경력을 앞세워 홍보하기도 하며, 때로는 경쟁후보에 대한 비방을 하는 경우도 있습니다.

기타 여론조사 결과조작은 아니지만, 여론조사 공표금지기간에 조사결과를 공표한다든지, 있지도 않거나 신뢰도가 떨어지는 여론조사 결과를 불법적으로 유권자들에게 홍보해서 처벌을 받는 경우도 있습니다.

# 전문가와 맞짱뜨는 여론조작 감정법

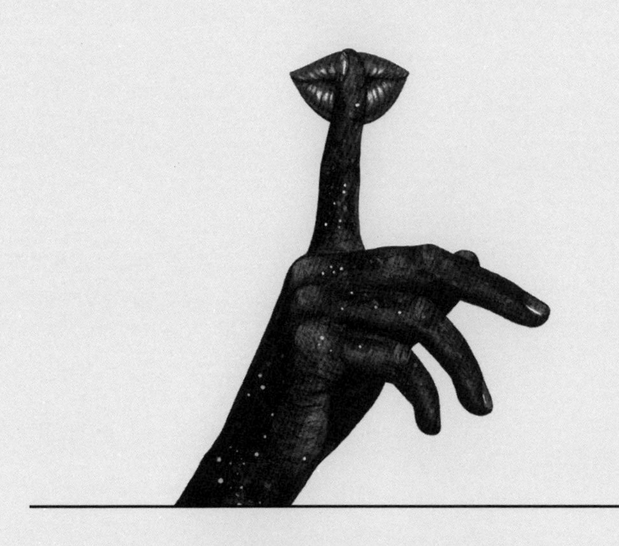

# 전문가처럼 여론을 읽어 보세요

# 15. 트렌드로 여론 읽기

## 여론의 흐름을 이해하면 세상의 변화를 예상할 수 있다

여론조사 결과 하나에 일희일비하면서 맞냐, 틀리냐 또는 옳으냐, 그르냐를 따지는 것은 별로 유익하지 않습니다. 또 여론조사 결과가 마음에 안 든다고, "나 말고 세상 사람들이 참 무지하구나!"라고 한탄해도 상황이 달라질 것은 없습니다. 나아가 여론조사와 조사기관의 신뢰도를 들먹이며 성토하다 보면 '여론읽기' 자체는 물 건너갑니다. 언제나 가장 중요한 것은 역동적으로 움직이고 변화하는 '여론'을 읽어내는 것 그 자체입니다.

여론조사 결과의 의미를 정확히 알려면, 또 여론을 제대로 읽으려면 무엇보다 시점별 비교가 중요합니다. 시간에 의해 변화된 여론흐름을 이해하면 유용한 정보를 얻을 수 있고, 그것을 통해 미래의 변화를 예측하는 단서를 포착할 수 있습니다.

여론은 끊임없이 변합니다. 짧은 시간에 출렁이는 여론도 있지만 긴 시간 동안 크고 무겁게 움직이는 여론도 있습니다. 표면적 여론이 아닌 밑바닥에 깔린 심층여론은 쉽게 그 진행방향이 바뀌지 않고, 인위적으로 바꾸기도 쉽지 않습니다. 대개 학자들이 '신념체계', '이념'이나 '문화'라고도 부르는 여론의 밑바닥 구조는 사회경제적 조건이나 역사적 사건 등에 의해 중장기적으로 변화한다고 볼 수 있습니다. 즉 큰 틀의 여론구조는 경제상황이나 일자리 구조, 소득과 빈부격차와 같은 사회경제적 조건들, 또 전쟁이나 혁명과 같은 큰 사건을 지나면서 형성된다고 볼 수 있습니다.

## 여론을 잘 읽는 법

### 1) 질문 항목으로 분석하기

그렇다면 여론조사 결과로 어떻게 여론의 큰 흐름, 즉 트렌드를 읽어낼 수 있을까요? 일단 가장 좋은 방법은 동일한 문항에 대한 과거의 여론조사 결과와 비교하는 것입니다. 이때 문항의 비교는 아무래도 같은 조사기관에서 실시한 동일한 문항이 좋습니다. 질문이나 답안의 보기가 같을수록 좋겠지만, 약간 다르다 해도 괜찮습니다. 문항이 완전히 같지 않다고 해도, 시간을 건너뛴 두 문항에 대한 적극적 의미해석을 통해 일정 수준 추리가 가능합니다.

즉, 여론을 잘 읽는 법 중 첫 번째는 정치문화, 또는 사회경제적 여론의 변화를 측정할 수 있는 기준이 될 수 있는 문항, 즉 바로미터(barometer) 질문항목 등을 활용해 그 흐름을 분석해 보는 것입니다. 비록 단순한 문항처럼 보여도 시간을 두고 변화의 추이를 추적하게 되면 새로 짜낸 어떤 질문보다 의미 있는 정보를 제공해 줍니다. 그래서 여론조사기관은 물론 정당, 또 언론매체 등은 가능한 한 변화하는 여론의 호흡을 읽을 수 있는 정치, 경제, 사회 각 분야별 지표 문항을 개발하고 주기적으로 조사해 볼 필요가 있습니다. 물론 주요 정부기관이나 국책연구소들도 이 같은 지표문항들을 가지고 있는 경우가 많으니 참조하는 것이 좋습니다.

예를 들면, 북한이나 주변국, 또는 통일이나 평화에 대한 질문 등이 대표적입니다. 한반도 문제는 하루아침에 변할 문제가 아니므로, 1년 전, 5년 전, 또는 10년 전 여론조사 결과를 비교하면 국민여론의 변화를 생생하게 읽을 수 있게 됩니다. 사회경제 쪽 분야도 마찬가지입니다. "당신은 부자가 될 수 있다고 생각하십니까?"와 같은 질문을 긴 시간을 두고 주기적으로 물어보고 비교하면, 신분상승의 가능성 등 '경제정의' 전반에 대한 의식변화를 읽을 수 있게 됩니다. 정당과 지도자에 대한 여론도 마찬가지입니다. 대통령제와 내각제 등의 권력체제나 국회의원 선거제도에 대한 국민여론은 국민의 관심이 낮고 그에 대한 지식도 제한적인 주제이므로 트렌드로 읽어야만 여론의 흐름을 어느 정도 파악할 수 있습니다.

이렇게 시간적 비교를 통해 여론조사 결과의 변화를 포착할 경우 그 배경이나 원인에 대한 좀 더 구체적 접근을 해봐야 합니다. 즉 어떤 여론의 트렌드 변화를 포착했으면 무엇보다 관련 '통계자료'와 비교해 보는 것이 좋습니다. 만일 한반도 문제의 이해당사자 국가 중 '미국'에 대한 여론이 점차 악화되고 반대로 '중국'에 대한 여론이 좋아졌다면 그 시기에 미국과 중국과의 무역 교역량 등을 살펴볼 수도 있을 것입니다. 또 국민의 국내 대기업에 대한 신뢰도가 상당히 떨어진 것이 나타났다면 대기업 일자리가 전체 일자리 중 차지하는 비율이 해당 기간에 어떻게 변화했는지 볼 수 있습니다.

## 여론을 잘 읽는 법
## 2) 사건을 중심으로 분석하기

'사건'을 중심으로 여론흐름을 분석하는 것도 필요합니다. 뭔가 변화가 일어났다고 여겨지면, 해당 기간에 어떤 특별한 일이 생기고 무슨 사건이 벌어졌는지를 알아봄으로써 해석이 가능해지는 경우도 상당히 많습니다. 국민여론이 사회경제적 조건에 의해 중장기적으로 변화하는 과정이 있지만 그것은 꽤 긴 시간을 두고 볼 때의 얘기입니다. 몇 년 사이의 단, 중기적 여론변화는 리더십에 대한 국민평가, 굵직한 정치 이벤트나 돌발사건에 의해서도 역동적으로 변화할 수 있습니다.

만일 '사형제 폐지' 등에 대한 비판여론이 높아졌다면 아무래도 그 시기에 국민들이 치를 떠는 흉악범죄가 일어났기 때문일 수 있습니다. 또 국민이 안전문제에 대한 불안감이 커졌다면 대형사고 때문에 만들어진 것일 수 있습니다. 또 남북 간 돌발적 군사적 충돌이나 핵무기 실험 등은 평화와 통일에 대한 여론을 단기간에도 급속히 악화시킬 수도 있습니다.

반면, 국민여론의 트렌드를 볼 때 5년, 10년 동안 오래도록 변하지 않는 여론지표 또는 구조가 있는지 살펴보는 것도 매우 중요합니다. 수십 년을 두고 크게 변하지 않는 여론이 있다면 그것이야말로 국가적, 국민적 차원에서 지형으로 형성된 '신념구조'라 말할 수 있기 때문입니다. 경상도, 전라도, 충청도 등 각 권역별로 달리 나타나는 정당지지도 및 선호이념 등의 차이는 지역별 신념 또는 이념구조를 읽을 수 있게 해줄 것입니다.

이렇게 여론의 흐름과 패턴을 추적하다 보면 결국 여론의 큰 방향을 예상할 수 있게 되는 것은 당연한 일입니다. 여론 트렌드와 가까운 미래에 나라 안팎에서 벌어질 수 있는 특정한 상황을 함께 묶어 들여다볼 수도 있습니다. 이러한 트렌드 읽기는 지도자나 정당이 정치적, 정책적 방향을 결정하는 데에도 유용할 것입니다. 반대로 어떤 정당이나 정치인이 이러한 여론 트렌드를 무시하고 정치적 방향을 결정하거나, 또 무엇인가를 추진한다면 당연히 여론의 역풍을 맞을 것이라고 예상할 수 있을 겁니다.

## 마케팅조사 시장이 훨씬 크다: 기업 및 시장 관련 여론조사

대개 여론조사라고 하면 정치나 선거 분야의 여론조사를 떠올리기 마련입니다. 또 정부나 공공정책 연구소 등이 발표하는 사회현안이나 정책 관련 여론조사도 대체로 익숙합니다. 그런데 실제 조사회사에서 일하는 많은 연구 · 조사 인력은 '마케팅조사'라고 통칭되는 기업 및 시장조사 분야에서 일하며 실제 조사기관 내 매출도 그쪽이 큰 경우가 많습니다. 즉 여론조사는 크게 정치사회 분야 여론조사와 마케팅조사라고 통칭하는 기업 및 시장조사 분야로 구분됩니다

두 분야 모두 통계학이나 조사방법론에 대한 기초지식은 필요합니다. 다만 정치사회 분야라면 정치나 사회 관련 이론이나 한국 정치사, 그리고 한국 유권자의 정치문화적 특성 등에 대한 거시적, 역사적 이해가 중요합니다. 반면, 시장조사 영역은 제품이나 서비스에 대한 지식은 물론 시장구조 전반에 대한 이해가 필요합니다. 특히 마케팅 조사는 워낙 제품이나 서비스의 종류가 다양하고 시장의 구조 등도 복잡해 최신 조사기법이나 모형, 고급통계분석 기법 등이 활용되는 경우가 많습니다.

여기서는 기업들이 여론조사를 어떤 분야에서 활용하는지 간단히 소개해 드리겠습니다.

### (1) 구매 및 이용실태 조사(U&A: Usage and Attitude Survey)

마케팅조사 분야에서 가장 대표적이며, 소비자의 제품구매와 이용에 대한 실태, 또는 태도를 조사하기 위한 것입니다. 관련 제품 카테고리에 대한 상품 구매경험, 구매빈도와 장소 등 다양한 구매행태, 그리고 각 브랜드에 대한 태도나 충성도 등 그야말로 해당 시장 전반에 대한 소비자의 행태와 태도를 여론조사를 통해 수집합니다.

### (2) 광고효과조사

마케팅의 꽃이라고도 불리는 '광고'와 관련한 여러 가지 조사를 말합니다. 때로는 효과적 광고를 만들기 위한 광고 콘셉트 개발조사도 있고, 일정 수준 제작이 진행된 두세 가지의 광고시안을 비교 평가하는 조사도 있습니다. 또 실제 광고를 내보낸 후 해당 광고에 대한 소비자 반응을 평가하기 위해 조사를 실시하기도 합니다.

### (3) 제품평가조사

제품평가 조사는 해당 제품을 사용해 본 후 이에 대한 소비자들의 평가를 분석하기 위한 것입니다. 새로운 제품의 개발을 위해 기존 제품에 대한 사용경험을 평가할 수도 있고, 또 여러 가지 콘셉트의 시제품 중 최종 출시상품을 결정하기 위해 직접 제품을 써보도록 하고 이를 비교 평가하는 조사도 있습니다. 일반 제품이 아니더라도 영상 콘텐츠에 대한 평가를 해볼 수도 있고, 또 특정한 서비스에 대한 구독경험을 평가해 볼 수도 있습니다.

### (4) 수요예측조사

수요예측조사는 어떤 제품이나 서비스에 대한 수요를 예측하기 위한 것입니다. 특정 정책에 대한 수요나 주요행사의 방문자 예상까지 다양한 분야에서 이뤄집니다. 대개 제품평가 및 구매의향 등을 확인하는 설문조사 결과와 함께, 비슷한 상품이나 서비스의 실제 구매 및 이용패턴 또는 소비 증가율 등의 경험적 데이터를 활용하여 예측하게 됩니다.

### (5) 고객만족도 조사(CSI: Customer Satisfaction Index)

일반 소비자들에게 비교적 친숙한 여론조사로 특정 상품이나 서비스를 이용한 뒤에 그에 대한 만족도를 분석하기 위한 조사입니다. 제품을 사거나 서비스를 받은 이후, 만족했는지를 물어보는 전화(happy call) 조사 방식부터, 이용자를 대상으로 한 정식 대면 면접조사까지 다양합니다. 약간 결이 다르긴 하지만, 면접조사자가 식당이나 영업장에 신분을 숨기고 방문해, 특정 상황에 대한 직원들의 대응태도를 보고 평가하는 '미스터리 쇼퍼(mystery shopper)'과 같은 특이한 조사도 있습니다.

### (6) 패널조사(Panel Survey)

패널조사는 대개 소비자나 가구(household), 또는 상품매장을 단위로 일정 수의 표본집단을 구성해 주기적으로 구매 및 이용행태 또는 제품판매 실태 등을 조사하는 것입니다. 동일한 응답자를 대상으로 주기적으로 조사를 실시하여 심층적 데이터를 얻어내는 것이 목표이자 특징입니다. 대개 이와 같은 패널조사는 고객요청에 의한 조사(customized survey)가 아닌, 조사기관이 자체적으로 조사(syndicated survey)해서 데이터를 확보한 후 관심이 있는 여러 고객에 판매하는 경우가 더 많습니다.

마케팅 조사 분야는 "아, 저런 것까지 여론조사를 하는구나." 싶을 정도로 그 종류가 다양하고, 최신의 학설에 기반한 분석모형도 빠르게 도입되어 직접 적용되는 역동적인 분야이기도 합니다. 예를 들면, 어떤 대학교에서 특정한 제품에 대한 평가나 수요예측 모형이 개발되면 이것을 설문면접부터 최종 분석까지 한 번에 수행하도록 프로그램을 만들어 조사를 수행하기도 합니다. 또 국내기업이 해외시장 확대를 위해 외국에서 실시하기도 하고, 다국적 기업이 국내 시장을 분석하기 위해 하는 경우도 많습니다.

# 16. 덩어리로 여론 읽기

## 한 명의 의견 바뀌면
## 백만 명의 여론이 함께 바뀐다

여론은 시간에 따른 변화를 중심으로 읽을 수도 있지만, 현재 국민여론이 어떻게 집단별, 계층별로 구성되어 있는지, 즉 국민여론 전체에 어떤 여론 덩어리 또는 집단이 존재하는지 이해하는 것도 중요합니다. 앞에서 말한 여론을 트렌드로 이해하는 것이 시간적 개념이라면, 여론을 구성하는 덩어리들을 파악하는 것은 여론의 공간적, 또는 지형적 개념이라고도 말할 수 있겠습니다. 또 여론의 지형, 또는 덩어리를 이해한다는 것은 앞서 한 번 설명한 여론의 '패턴'과도 연관이 있습니다. 이처럼 여론은 시간적 개념과 함께 지형적 개념을 이해하고 있어야 하고 이에 근거한 분석을 시도하는 것은 중요합니다.

국민여론이라는 개념은 사실상 꽤 모호합니다. 같은 국민이라도 모든 사람이 서로 같은 생각을 하는 것도 아니고 이해관계도 달라 서로 충돌하면서 움직인다고 생각할 수도 있습니다. 또 반대로 같은 국민이 마치 한 덩어리처럼 존재하는 것처럼 여겨, 즉 하나의 거대한 생물처럼 함께 어떤 방향으로 움직인다고 생각할 수도 있습니다.

모든 사람이 각기 다른 생각을 하는 것 같아도 사는 지역 · 권역이나 연령, 소득이나 직업 등이 비슷하다면 비슷한 생각, 비슷한 가치관을 가진다고 볼 수 있습니다. 반대로 국민여론이 살아 있는 생물처럼 함께 움직이는 것 같아도, 세대나 출신지역, 사회적 지위 등 이른바 인구사회적 조건이 다르면 뚜렷이 다른 생각과 이념을 가지게 된다고 볼 수도 있습니다.

이런 점에서 여론을 읽는 좋은 방법 중 하나는 여론을 서로 다른 특징을 가진 여러 덩어리의 연결구조로 이뤄져 있다고 보는 것입니다. 다시 말해 전체 국민, 또는 국민여론이 다양한 집단이나 계층, 영어로는 '블록(block)'으로 이뤄져 있다고 보는 것입니다. 이렇게 서로 다른 생각이나 신념을 가진 여러 개의 덩어리가 전체를 구성하고 있다고 보고, 각각의 특징을 살펴보는 것을 대개 '세분화(segmentation)' 분석이라고도 합니다.

세분화는 여러 가지 방식으로 가능한데, 가장 쉬운 것은 '인구사회적' 기준을 가지고 해보는 것입니다. 예를 들어 우리나라 정치를 이해하는 데 있어 가장 중요한 구분은 전통적으로 '지역'입니다. 이때 지역은 거주지역이 될 수도 있고 출신지역이 될 수도 있습니다. 우리 국민이면 누구나 알고 있듯이 영남, 호남, 충청권의 여론은 서로 꽤 다릅니다. 수도권 역시 다른 권역과는 다르고 복잡한 특성을 보여줍니다. 예를 들면, 수도권 거주자의 원적지, 즉 고향에 따라 만들어지는 다양한 여론의 특징을 추적해 볼 수도 있습니다.

지역뿐만이 아니라 남녀 성별로도 여론이 갈릴 수 있습니다. 한때 여성 선거 입후보자의 적은 여성 유권자라는 말이 있었습니다. 여성 유권자들이 같은 여성이 아닌 남성후보들을 더 지지하던 특성이 있었기 때문이었습니다. 그러나 이제는 오히려 그 반대가 되어 여성 유권자들 대부분이 여성 정치인에 더 우호적인 현상이 나타납니다. 즉 여기서 강조하려는 것은 성별에 따른 정치적 특성이 분명히 갈린다는 점이며, 따라서 그 특성을 이해해야만 여론분석이 가능하다는 점입니다.

연령대를 나누어 여론을 분석하는 것은 미디어에서 자주 시도하는 것으로 비교적 많은 사람들에게 친숙한 분석방식입니다. 대개 'MZ세대'라고 부르는 젊은층들의 여론은 다른 세대와는 다르다는 시각이 많습니다. 또 이른바 86세대(80년대 학번, 1960년대 생)가 다르고, 산업화세대라고도 불리는 고령층 역시 다른 여론특성을 가지고 있다고 보는 경우가 많습니다. 다만, 이 같은 포괄적 세대분석은 특정한 시점에서의 집단 간 비교분석으로는 잘 나타나지 않고, 시간차를 두고 여론지형구조의 변화를 비교해야 나타날 수도 있어 지나친 구분, 또는 범주화는 무리가 따릅니다.

좀 더 복잡하고 전문적 분석을 하는 경우도 있습니다. 전문가들이 '국민이념'을 기초로 지도(mapping)를 만들어 보는 것이 대표적입니다. 우리 국민을 크게 '보수'와 '진보' 이념층으로 나누고, 또 같은 이념집단 내에서 '급진'과 '온건' 성향으로 나눠볼 수도 있습니다. 이러한 분류과정에서 중도층 또는 유동층이라는 집단도 모습을 드러냅니다.

좀 더 세련되게 분석을 한다면, 어떤 집단이 중시하는 가치나 특성을 고려해 이름을 붙이기도 합니다. 예를 들면 같은 보수라도 애국 가치와 반공 이념을 중시하는 이들을 '전통적 반공보수'라는 명칭으로 묶을 수 있습니다. 반면 반공이념에는 별 관심은 없지만 시장의 자유를 중시하는, 즉 기업규제나 분배를 반대하는 이른바 '신자유주의 보수층'이 존재할 수도 있습니다. 진보도 마찬가지입니다. 부의 분배와 노동조건 등을 중시하는 평등진보가 있을 수 있고, 남북평화와 통일이라는 가치를 중시하는 민족진보와 같은 기준으로 분류를 시도해 볼 수 있습니다. 반면 양당 중심인 우리나라에서는 대체로 어정쩡한 위치를 차지하는 공정한 시장과 인권을 중시하는 '자유주의(liberalism)' 경향의 진보도 있을 수 있습니다. 전문가들은 이렇게 여러 집단을 나눠보고 다시 묶어보기 위해 다양한 고급 통계분석기법을 활용합니다.

## 여론은 덩어리째로 변한다

중요한 것은 여론 자체가 여러 덩어리로 이뤄져 있는 만큼 여론의 변화도 덩어리째 이뤄진다는 것입니다. 이는 어떤 덩어리 집단이 원래부터 같은 생각, 비슷한 이해관계에 있었기 때문에 특정한 사건에 함께 비슷한 반응을 한다고 볼 수 있습니다. 또 평소 지지하는 정치인이나 정당 등과 정서적으로 연결되어 있어 이들의 입장에 공감하면서 나타나는 현상이기도 합니다. 참고로 이런 덩어리 구조로 여론의 집단적 변동을 설명하는 것은 오래전 일부 사회심리학자들이 제시한 '군중심리' 이론과는 대립하는 이론 틀입니다.

여론이 덩어리째 변화하는 모습은 선거를 앞두고 어떤 후보가 자진사퇴라도 하게 되면, 그 후보의 지지층들이 갑자기 이동하는 모습에서 잘 나타납니다. 즉 논리적으로, 또는 확률적으로 보면 사퇴한 후보의 지지층들은 나머지 여러 후보에게 고르게 배분되어야 합니다. 그러나 당연히 실제로 그렇지 않습니다. 그 후보와 유사한 특성이나 이념적 성향을 지닌 후보에게 대거 옮겨가게 됩니다. 한마디로 입맛에 맞게 골라서 가는 것입니다.

과거 2007년 대선을 앞두고 유력한 대선후보였던 고건 전 총리가 사퇴했을 때, 고건 씨를 지지하던 대다수 유권자는 당시 여당 후보였던 정동영 씨로 이동하지 않고, 이명박 후보로 옮겨 갔습니다. 사실 고건 씨의 경우 노무현 정부의 총리를 지낸 분이기 때문에 상황에 따라 그 지지층도 여당후보인 정동영 씨 쪽으로 옮겨갈 수도 있었던 상황입니다. 그러나 고건 씨 지지층들이 가진 어떤 공통된 특성이 그들로 하여금 가장 유사한 후보 또는 그들을 유인할 수 있는 요소를 가진 다른 후보에게 옮겨간 것으로 말할 수 있습니다. 당시에는 그 핵심적 특성을 '중도성'이라고 분석하기도 했습니다. 당시에 이명박 후보는 진보 쪽으로는 정동영 후보, 더 보수적인 박근혜 후보의 중간에 있는 '중도후보'로 자리매김하고 있었다는 것입니다.

따라서 여론의 덩어리 구조를 이해하게 되면 앞서 시간적 트렌드 분석과 더불어 여론의 이동 방향이나 정도를 예상하는 데 유용합니다. 또 각각의 덩어리의 크기 변화를 분석해 보는 것도 여론의 진행방향을 이해하는데 상당한 도움이 될 수 있습니다. 예를 들면 대통령지지도나 정당 지지도와 함께 주요한 기준지표인 이념성향을 분석해 다음 총선 결과를 예측해 보는 것입니다. 즉 보수와 진보 중 어느 층의 크기가 줄어드느냐에 따라 예상 방향을 가늠할 수 있게 됩니다.

여론의 지형구조, 또는 덩어리구조를 이해하는 것은 미래의 변화를 예상하는 것만이 그 목적이 아닙니다. 사실 더 큰 이유가 있습니다. 무엇보다 여론을 바꾸기 위한 설득, 또는 전략적 접근을 위해 필요합니다. 대통령과 정부 · 여당이 추진하는 일들이 항상 국민의 지지를 받지 않습니다. 집단별, 계층별로 서로 다른 반응이 나타나기도 하고 때로는 격렬한 저항이 생기기도 합니다. 과거 대선에서 '수도 이전'과 같은 공약, 또는 '한미FTA 체결' 등이 사회적으로 갈등과 대립이 심했던 여론이었습니다. 이런 상황에서는 '여론'을 우호적으로 바꾸는 전략적 노력이 중요해집니다.

여론전략 수립에 있어 지형분석이 매우 중요한데, 그 이유는 '선택과 집중의 원칙' 때문입니다. 즉 모든 국민의 여론을 함께 바꾸려는 노력은 전문적 시각에서는 사실상 불가능하다고 보는 동시에 소모적 접근으로 봅니다. 즉 누군가를 설득하거나 변화시키고자 할 때는 변화 가능성이 있는 집단을 명확히 선택하고, 필요한 만큼의 변화를 이끌어 내기 위해 집중적으로 쏟아붓는 것이 원칙입니다. 이 원칙을 이해하고 우선순위에 따라 태도와 행동을 바꾸려는 시도, 즉 전략적 캠페인을 실행하는지 여부가 바로 전문가와 비전문가를 가르는 차이점이기도 합니다. 아시는 분들도 많지만, 이처럼 여러 덩어리 중 그들의 태도나 행동을 바꿀 대상집단을 찾아내는 것을 '타깃팅(targeting)'이라 하고, 그 집단을 설득하기 위한 다양한 메시지나 이미지 방향을 정하는 것을 '포지셔닝(positioning)'이라고 합니다.

# 17. 에너지로 여론 읽기

## 논리나 방향보다 힘과 에너지의 관점에서 읽어라

여론을 읽을 때 빠뜨리면 안 될 것이 바로 여론의 정도, 또는 강도입니다. 즉 어떤 여론이 얼마나 강한지, 또는 국민이 어떤 정책이나 사건에 얼마나 관심이 높은지를 말합니다. 이는 여론이 논리의 문제가 아니라 '파워'의 문제라는 얘기입니다. 논리야 언제나 존재하는 것이지만, 파워는 있을 수도 있고 없을 수도 있습니다. 만일 어떤 여론조사에서 90% 국민의 지지를 받는 정책이 있다고 해도 국민이 별 관심이 없다면 그것은 '폭발력' 있는 여론이라 말할 수 없습니다. 더 엄밀히 말하면 관심이 없는 여론은 여론이 아니라고도 표현할 수 있습니다. 바로 이 부분을 정부나 정당의 정책담당자, 또는 여론을 다루는 전문가들이나 지식인들이 곧잘 놓칩니다. 아무리 생각해도 옳을 뿐더러 여론조사에서 찬성조차 높은 정책인데, 사람들이 시큰둥할 때는 그에 대해 국민이 얼마나 관심이 있는지를 확인해 봐야 합니다.

'여론은 언제나 변한다'고 가정할 때, 여론의 움직임에는 '방향'과 '힘'이 동시에 맞물려 작동한다고 봐야 합니다. 즉 수학에서 말하는 벡터(vector) 개념처럼 말입니다. 이러한 여론의 특성을 에너지의 양이라는 개념으로 볼 수도 있습니다. '여론'에 대해 얘기할 때는 그것이 옳다, 그르다, 좋다, 싫다, 또는 찬성이 높다, 반대가 높다 이런 식으로만 설명하면 뭔가 빠지게 됩니다. 한마디로 그것은 방향만을 보는 것입니다. 방향과 함께 반드시 그 정도, 즉 그 크기를 확인해 봐야 합니다.

여론을 에너지와 비슷하게 이해하는 가장 쉬운 예는 물이 끓는 과정입니다. 즉 여론은 열을 가하면 물이 뜨거워지다가 어느 순간 갑자기 보글보글 끓어오르는 것과 비슷합니다. 압력과도 비교할 수 있습니다. 눌릴 만큼 눌려 있다가 결국 폭발하는 성질이 있다는 것입니다. 이때 여론에 에너지를 공급하는 에너지 원천은 국민들의 관심이라고 볼 수도 있고, 절실한 정도, 즉 필요성일 수도 있겠습니다. 또 상황에 따라서는 분노가 될 수도 있습니다.

보통 여론조사에서는 "이 정책이 당신에게 얼마나 중요합니까?" 또는 "얼마나 관심이 있습니까?" 등으로 여론의 강도를 측정하게 됩니다. 또 그러한 정책이 얼마나 필요한지를 묻기도 합니다. 만일 여론조사의 결과가 '찬성하지만 관심은 없다'로 요약된다면 '아직 여론이 만들어지지 않았다'고 표현하는 편이 나을 것 같습니다. 실제 일반 국민이 잘 알지도 못하고 관심도 없는 사안을 억지로 여론조사에서 물어보고 긍정의견이 높게 나왔다고 해서 그것을 긍정여론으로 판단해서는 안 됩니다.

오히려 '여론'이 만들어지지 않았는데도 어떤 정치적 결정이나 정책, 또는 법안을 강하게 밀어붙이면 당연히 문제가 생깁니다. 이때 국민은 그 정책의 원래 의미 자체는 중요하지 않고, 국민을 무시하는 듯한 안하무인의 태도, 또는 오만하고 권위주의적 모습에 화가 나게 됩니다.

우리 여론조사에서 이렇게 다들 찬성은 하지만 관심이 없는 대표적인 것이 때가 되면 등장하는 '개헌'에 대한 여론조사 결과일 것입니다. 보통 이러저러한 이유를 달아 개헌에 대해 물어 보면 대개 찬성이 높습니다. 그런데 현재 개헌이 얼마나 중요한지, 또는 시급한지 물으면 오히려 시큰둥한 결과가 나타납니다. 즉 많은 사람이 방향은 옳다고 생각하지만,

관심이 없습니다. 선거구제 변경 등 정치개혁 등에 대한 여론도 대개 마찬가지입니다. 사실 이러한 정치제도 문제는 애초부터 정치권이 합의를 이뤄낸 후 국민의 결정을 묻는 것이 더 좋다고 생각합니다.

## 여론은 하루아침에 만들어지는 게 아니라 쌓이는 것이다!

여론은 하루아침에 만들어지지 않고 쌓여가는 것으로 볼 필요가 있습니다. 즉 처음에는 태도 수준의 변화가 형성되다가, 태도가 강화되면 행동으로까지 나타난다는 태도 및 행동변화 이론에서 말하듯이 말입니다. 만일 정부가 사람들이 문제가 있다고 하고 불평을 계속하는데도 바로 잡지도 않고, 사과도 하지 않고, 아무런 응답이 없고 무시하는 것처럼 느낀다면 여론이 점점 나빠지게 됩니다. 바쁘게 살아가는 국민이 한 번에 갑자기 여론을 표출하지 않는다는 것을 말합니다. 그러나 그 같은 상황이 반복된다면 부정적 태도가 누적되고 결국 특정한 계기에 이르러 폭발할 수도 있습니다. 이 같은 과정 자체가 우리가 주변 누군가에게 참다 참다 화를 내는 과정하고 비슷하기도 합니다.

여론을 조변석개한다고 한탄하는 경우도 많습니다. 즉 여론이 들끓었다가도 어느새 식는다든지 그런 것을 말합니다. 대개 사람들이 어떤 사건에 즉각 분노하는 것은, 즉 빠르게 여론이 들끓는 것은 대개 '생명'이나 '인권' 등 누구나 믿는 보편적 가치나 상식에 반하는 사건이 일어날 때입니다. 반면, 정치적으로나 역사적으로 만들어지는 이념이나 역사관, 정치문화 등은 그 수준과 결이 다릅니다. 특히 정치적 여론은 대개 서서히 형성되고, 그 누적의 정도에 따라 변화가 일어나게 된다고 볼 수 있습니다.

그렇다면 성난 민심은 어떻게 가라앉힐까요? 해소시키거나 바꿀 것이 아니면 일단 태도나 자세에서 성의를 보이며 소통해야 합니다. 실제 의외로 국민은 지도자나 정당 등이 고개 숙이고 사과하는 것에 관대한 모습을 보입니다. 물론 경쟁정파에서는 고개 좀 숙였다고 국민이 이걸 용서하고 넘기는 것 같아 못마땅하겠죠. 그러나 대개 일반 국민은 일단 지도자가 머리를 숙이면 자신을 무시하지 않고 소통한 것으로 여기게 됩니다. 따라서 여론이 점점 나빠질 때는 이를 '듣고 보고 있다'며 반응하는 모습을 보여주는 것이 무척 중요합니다.

반대로 만일 쌓여가는 불만에 아무런 대답이 없거나, 고개를 숙이는 시점을 놓치거나, 끝까지 인정하지 않고 넘어가면 결국 여론이 악화되어 정권교체, 시민저항 등의 다양한 형태로 대중이 자신의 '힘'을 보여주는 날이 오게 됩니다. 그렇다고 임시처방으로 자꾸 말로 넘긴다고 잘하는 것은 아닙니다. 그런 식으로 땜질하다가 이후에 또다시 그런 일이 불거지면 그야말로 '민심폭발'을 스스로 자초한 것이나 다를 바 없겠습니다. 우리가 다른 사람에 대해 그렇듯이, 국민은 결코 어떤 것도 잊지 않는다고 생각합니다. 바라보고 평가하면서, 쌓아두는 것이고 필요한 그때가 되면 반드시 갚아준다고 보는 것이 타당합니다.

## 전문가의 팁 <여론조사 보고서> 써보기

여론조사를 조금 더 깊게 알아야 하는 분들을 위해, 결과를 잘 분석하는 팁을 알려드립니다. 보통 여론조사의 분석은 이른바 '결과분석표'라고 불리는 수치가 빽빽이 적힌 통계 테이블을 앞에다 놓고 시작합니다.

보통 우리가 언론매체를 통해 접하는 여론조사들은 선거관리위원회 산하 중앙선거여론조사심의위원회(www.nesdc.go.kr)에 가면 그 자료를 구할 수 있으니 질문지와 함께 직접 다운로드받아 분석을 시도해보면 좋을 것 같습니다. 여기서는 분석의 진행순서에 초점을 맞춰 설명드립니다. 좀 더 구체적 부분은 본문 내용을 참조하시기 바랍니다.

※ 통계표, 또는 테이블이라고도 불리는 '결과분석표'는 원래 각 문항에 대해 독립변수별로 값을 정리해 놓은 '교차(빈도)집계표(cross tabulation)'를 말합니다. 이때 독립변수로 지역별, 성별, 연령별, 소득별과 같은 인구사회적 특성들을 활용하는 경우가 많습니다. 대개 설문지 제일 앞부분의 선별질문(SQ: Screening Question), 또는 가장 뒤의 배경질문(DQ: Demographic Question)들이 이에 해당합니다. 물론 설문지 내 모든 문항은 어느 것이든 독립변수 쪽에 배치해 추가적으로 분석해 볼 수 있습니다.

### ① 결과분석표 상의 '조사개요'를 확인

표본수가 어떻게 되는지, 조사방식은 무엇인지, 조사기간은 어떻게 되는지 일일이 확인해 봐야 합니다. 표집오차의 크기도 확인해서 따로 적어둬야 합니다. 서로 다른 여론조사의 결과를 비교하고자 한다면, 이처럼 조사개요를 비교해 서로 같은 방식인지 아닌지를 반드시 확인해 볼 필요가 있습니다. 즉 조사개요 상에 나타난 전반 설계가 다르다면 조사의 결과도 상당히 달라질 수 있음에 유의해야 합니다.

### ② '응답자 특성표' 확인해 표본구성 확인

표본추출이 잘되었는지를 보는 것입니다. 먼저 거주지역, 성별, 연령별 비율이 주민등록인구자료상의 비율대로 맞춰져 있는지 쑥 훑듯이 확인해야 합니다. 인구통계자료를 구하기 어려우면, 다른 여론조사기관의 응답자 특성과 대조해 봐도 됩니다. 아울러 반드시 '학력', '소득', '직업'별 분포 등도 확인해 봅니다. 이들 사회경제적 특성에 따른 변수들은 같은 회사의 지난번 조사와는 얼마나 다른지, 또 다른 여론조사 회사의 비율과는 얼마나 차이가 나는지 확인해 볼 수 있습니다. 실제 사례수와 가중치 배율, 응답률 수치도 확인해 봐야 합니다. 특히 할당표집 방식을 사용한 여론조사라면 '가중치적용률'을 살펴 보는 것도 중요합니다.

### ③ 전체 조사결과 한 눈에 훑어보기

전반 결과에 큰 문제가 없는지, 또 이상하지 않은 지 훑어봅니다. 주관적 의미해석을 하는 것이 아닙니다. 즉 최근의 사회 분위기나 다른 여론조사기관들의 결과들, 또는 자신의 생각과 너무 차이가 나는 결과가 없는지 보는 것입니다. 이때 지나치게 '특이한' 조사결과가 있다면 일단 체크해 두고, 비슷한 시기에 발표된 다른 조사기관들 결과와 비교해 볼 필요가 있습니다. 만일 같은 주제를 묻는 타 기관의 결과와 상당히 다를 때는 '설문지 문항 및 그 보기'를 확인해 봐야 합니다. 조사설계도 좀 더 상세히 확인하고, 설문지의 문장구성은 물론, 순서, 그리고 '모름/무응답' 한 사람을 대상으로 한 재질문 여부 또는 그 횟수까지 체크해 볼 수 있습니다.

### ④ 문항별 교차분석 결과 확인하기

응답자 특성에 따라 특정한 질문에 어떻게 대답을 했는지 보는 것입니다. 예를 들면, 지역별, 연령별로 대통령 지지도가 어떻게 다른지 등을 살펴보는 것을 말합니다. 이때 반드시 '표집오차'의 범위를 염두에 두고 읽어야 합니다. 어떤 특성을 가진 사람들이 오차범위 밖에서 대통령을 지지하는지, 또는 지지하지 않는지 확인하는 것입니다.

만일 1,000명 규모의 여론조사에서 전체 표본의 대통령 지지도가 40%라면, ±3.1%P(95% 신뢰구간) 바깥의 수치, 즉 위로는 43.1%를 벗어난 높은 수치, 그리고 아래로는 36.9%를 벗어난 낮은 수치에 동그라미를 치면서 읽으면 됩니다. 이렇게 읽으면 누가, 어느 집단이나 계층에서 대통령을 더 지지하는지 또는 덜 지지하는지 그 특성이 나타나게 됩니다. 예를 들면 읍면지역에 거주하면서 연령이 높고, 소득이 낮은 응답자들에게서 대통령 지지도가 높게 나타난다던지 하는 분석이 나오게 됩니다. 이때 주의해야 할 것은 해당 독립변수(즉 거주지역 등)의 표본수(대개 교차집계표의 왼쪽 편 괄호 안에서 쓰여 있습니다.)가 50개 표본 미만으로 적은 수라면 대체로 그 수치를 읽어주지 않는 것이 일반적입니다.

### ⑤ 결과정리를 위한 수치 분석

교차분석 등을 통해 조사결과의 전반적 특징을 살펴본 후, 문항별로 의미를 분석하고 정리해야 합니다. 단, 조사결과를 문장 형태로 만들되 먼저 최대한 '소극적으로' 해석해 봅니다.

통계분석표 상에서 '대통령이 추진하는 어떤 정책'에 대해 찬성이 50%, 반대가 40%, 모름/무응답이 10%로 나타났다고 칩니다. 이 결과를 문장으로 바꾸면, "이번 정책에 대해 국민들의 절반 정도가 찬성하는 가운데, 반대도 40%로 만만치 않았다." 등으로 읽을 수 있습니다. 이어 "이 정책에 대한 찬성은 수도권을 제외한 전 지역, 60대 이상의 고연령층, 자영업자 등 통상 보수적 성향이 강한 층에서 높았습니다.", "반대는 수도권, 20대와 30대 등 젊은연령층, 화이트칼라에서 높게 나타났습니다." 등으로 정리할 수 있습니다.

경험이 많은 분석자라면, 한 발 더 나아가 적극적으로 해석해 볼 수도 있습니다. 예를 들면, "대통령의 이번 정책은 대통령에 대한 지지특성 및 이념성향에 따라 찬반이 갈려, 사실상 진영대결의 형태로 나타났습니다." 등으로 말이죠.

### ⑥ 의미의 확장을 위한 비교분석 해보기

수치 자체에 대한 분석이 끝나면 이제부터 '비교분석'을 하는 것이 좋습니다. 모든 여론조사의 수치는 아무리 높게 나타나거나 낮게 나타난다 하더라도 그 자체만으로는 의미가 모호한 경우가 많습니다. 따라서 모든 여론조사 결과는 언제나 '비교'를 통해 의미를 확인해야 합니다. 동일한 주제와 관련, 같은 회사의 이전 시점 여론조사와 해볼 수 있고, 비슷한 시점의 다른 여론조사 회사의 결과와도 비교해 볼 수 있습니다. 또 과거 정부에서의 여론조사 결과라든지, 아니면 다른 나라의 여론조사 결과와 비교도 가능합니다.

또 여론조사 결과끼리만 비교하여 해석하는 것은 의미확장에 한계가 있습니다. 관련 자료나 보도기사 등을 활용해 원인분석을 시도해 봅니다. 만일 지난달보다 대통령 지지도가 대폭 하락했다면 그 기간에 있었던 주요 사건을 찾아보면서 그러한 사건들이 하락의 이유로 추정된다고 분석해 볼 수 있습니다. 또 문항의 성격에 따라 관련 '통계자료'를 찾아 원인을 짐작하는 것도 좋은 분석방법입니다. 예를 들면, 〈향후 1년 경제에 대한 전망〉 문항에서 '불안하다'라는 응답이 높게 나타난 경우, 통계청 등의 경기지표나 물가추이, 실업률 자료 및 주가지수 등까지 활용해 볼 수 있습니다.

### ⑦ 여론에 대한 해석을 시도하기

이제 조사결과에 대한 수치분석 및 다른 자료와의 비교분석을 토대로 여론 자체를 해석하는 작업을 할 수 있습니다. 다만 이 같은 여론 해석작업은 사실상 분석자의 주관이 어느 정도 개입한 '주장'이나 '가설'이라고 봐야 합니다.

"대통령과 여당의 동반 지지도 하락은 무리한 정책 추진 등 독단적 리더십에 대한 국민의 불만으로 보입니다."와 같은 해석이 이에 해당합니다. 한반도 정세에 대해 "최근 대북지원에 대한 반대가 높은 것은 구체적 지원내용보다 북한에 대한 전반적 불신이 커졌기 때문으로 보입니다." 등도 주장이나 가설 수준의 해석으로 볼 수 있습니다. 이 같은 해식작업은 외부에 조사결과를 공표하기 전에, 또는 연구자가 자신의 입장을 공식화 하기 이전의 단계를 말합니다.

물론 이 같은 여론해석은 여론조사는 물론 정치 전반에 대한 이해가 있는 상태에서 하는 것이 좋습니다. 이 부분부터는 사실 여론조사 전문가의 영역을 벗어나 시사평론가, 정치 애널리스트 들의 영역이 될 수도 있습니다.

### ⑧ 근거를 찾고 반증해보기

조사전문가라면 원인설명 등을 포함한 여론해석을 공식적으로 주장하기 위해 스스로 근거를 마련하고 반증하는 작업을 꼭 해야 합니다. 다양한 자료 간 비교분석을 통해 근거를 제시하는 것은 물론 자기 주장을 반박할 자료가 없는지도 확인해 봐야 합니다.

예를 들어, 특정한 사태에 대한 무리한 정책추진이 정말 대통령의 지지도 하락을 불러왔다고 강하게 주장하려 한다면, 정책과 관련 "정책방향이 더 문제다", 또는 "추진방식이 더 문제다"와 같은 보기를 가진 문항으로 이를 뒷받침할 필요가 있습니다.

대북 관련 정책에 대한 최근 찬반 여론이 '북한에 대한 근본적 불신에 영향을 받고 있다'라고 해석하기 위해서는 '북한에 대한 호감도'를 3년 전 결과와 비교해 보거나 '전쟁 가능성' 등 연관된 주제의 문항과 비교함으로써 더 설득력을 가지게 됩니다.

중요한 것은 학술적 '가설검증' 작업에 해당하는 이 같은 노력이 꼭 필요하다는 것입니다. 만일 이것 저것 찾아봐도 근거를 뒷받침하기 어렵거나, 오히려 자신의 주장과 상반되거나 충돌되는 자료가 나타나면 해당 주장을 스스로 기각 또는 철회해야 합니다.

이러한 분석과정을 거친 후, 여론조사 결과 보고서는 조사설계 및 응답자 특성 등을 정리한 〈1. 조사개요〉, 문항별로 결과를 분석한 〈2. 결과분석〉, 전체 요약 및 해석을 포함한 〈3. 요약 및 결론〉, 그리고 교차집계표 및 설문지를 첨부한 〈4. 부록〉 등으로 대개 구성됩니다.

## 글을 마치며

# 민심이 천심일까?

이제 '여론조사'에 대한 긴 이야기를 마칠 때가 되었습니다. 가능한 한 쉽게 설명해보려 했지만 딱딱한 학술적 배경을 가진 분야이고 제 실력의 한계가 있다 보니 부족한 부분이 많을 수밖에 없었습니다. 제가 현역 조사전문가는 아님에도 불구하고 이 책을 쓴 목적은 뚜렷합니다. 여론조사에 대한 토론과 비판의 출발선을 한 발 앞으로 당기기 위해서입니다.

여론조사 수치에 앙앙불락하면서 '유리하면 과학이고, 불리하면 조작이다.'라는 식의 정치공세를 하거나, 도시괴담 수준의 음모론을 제기하는 것은 그렇지 않아도 분열과 갈등이 깊어진 우리 정치에 아무런 도움이 되지 않습니다. 또 우리나라 상황과 정확히 맞아떨어지지도 않고 전체 맥락을 잘 모른 채 단편적으로 비판하는 것도 문제입니다.

다만, 이 책에서 여론조사에 대한 제도적 개선방안이라든지, 언론사와 여론조사기관에 대한 제안 등은 포함하지 않았습니다. 이후에 정치권과 정부의 정책담당자, 학자들과 현역 여론조사 전문가들이 할 일이라고 생각합니다. 이 책은 여론조사에 대한 의미 있고 발전적인 토론이 살아나도록, 더 많은 사람에게 유용한 기초지식과 정보를 소개하는 것이 목표입니다.

드디어 제 결론을 말씀드릴 때가 되었습니다.

### 민심이 천심이라는 말이 여론만 좇으라는 말이 아니다

국민의 생각과 감정을 읽는 도구로서의 여론조사는 이제 사회적으로 필요 불가결한 기능으로 자리 잡았다고 말할 수 있습니다. 물론 이 글을 통해 여론조사의 품질이 문제가 될 수도 있고, 편향성이나 왜곡 문제가 발생할 수 있다는 것을 설명해 드렸습니다.

그러나 일부 정치인이나 지식인들이 서로 '내 말이 여론이다.'라고 주장하는 여론조사가 없는 시대로 돌아가는 것이 답이 될 수는 없습니다. 문제가 있다면 개선해서 더 활발해지도록 하는 것이 바람직하다는 이야기입니다. 또 우리나라의 여론조사를 다른 어느 나라와 비교해 봐도 그동안 축적해 온 실력과 신뢰가 만만치 않음도 함께 말씀드리고 싶습니다. 긍정적 기능이 부정적 측면을 압도한다는 것입니다.

제가 결론 부분에서 꺼내고 싶은 얘기는 우리 사회가 여론조사를 바라보고 이해하는 관점, 그리고 활용하는 방식에 대한 것입니다. 꼭 말씀드리고 싶은 것은 여론조사를 통해 나타난 수치를 '민심은 천심이다.'라는 말과 곧바로 연결 짓지 않았으면 하는 바람입니다. 즉 민심은 항상 옳으니, 이제 여론조사가 보여주는 여론을 따라야 한다고 생각한다면 여론 자체에 대한 오해일뿐더러 그로 인해 여러 가지 문제를 만든다는 것이 제 생각입니다. 그런 인식이 여론조사를 가지고 이겼다, 졌다, 또 맞다 맞지 않다만을 놓고 싸우게 만드는 것 같습니다.

여론조사에서 나타난 수치들은 그야말로 그때그때 국민의 생각을 집계한 수치입니다. 여론은 이유가 있다면 얼마든지 조변석개할 수 있습니다. 오히려 어떤 큰 사건이 터졌는데 여론이 급변하지 않는 것이 더 이상할 수도 있습니다. 본문에서도 여러 번 강조했지만, 여론은 여론일 뿐 그것이 어떤 방향으로 가야 한다는 것을 의미하는 것은 아니라는 생각입니다. 여론은 지도일 뿐 나침반이 아니라는 것입니다.

제가 주장하고자 하는 것은 '여론'이라는 지도를 보고 목적지를 찾아가는 방식과 관련한 것입니다. 여론정치는 긍정적 의미가 될 수도 있고, 부정적 의미가 될 수도 있습니다. 그것은 그 사회 또는 지도자가 '대중여론'을 대하고 활용하는 방식에 달려 있다고 봅니다.

## 여론조사의 목적은 사회적 합의를 이루는 데 있다

사실 민주주의는 근본적으로 여론정치의 성격을 가집니다. 따라서 민주사회의 지도자가 여론을 무시하고 자신이 옳다고 생각하는 것을 밀어붙이면 잘못된 것이며, 무엇보다 다음 선거에서 질 가능성이 커집니다. 누누이 강조하지만, 정치인들이나 주요 인사들이 "내 말이 곧 민심이다."라고 주장하면서 백가쟁명 하던 시대는 이미 지났고 옳지도 않습니다. 사실 원론대로 따지면 민주주의 시스템에서는 '성자'의 목소리조차 여러 의견 중 하나일 뿐 더 이상의 큰 의미는 없습니다. 왕이든 대통령이든 그 누구의 의견도 국민의 합의에 앞설 수 없으며 그것이 역사적으로 긍정적이고 옳았다고 보는 것이 우리가 믿고 따르는 민주주의이겠죠.

그렇다고 여론을 좇아 정치하는 것이 옳은 것일까요? 당연히 그렇게 생각하지 않습니다. 여론을 무시하고 정책을 밀어붙이는 것이 잘못된 것이라는 의미가 무조건 여론을 따르라는 말은 아닙니다. 이 부분에서 빠진 것은 여론을 바꾸기 위한 노력, 즉 '설득'입니다. 재차, 삼차 강조하고 싶은 것은 긍정적 의미의 여론정치의 핵심은 '설득', 즉 사회적 합의(consensus)를 이뤄내기 위한 지도자나 정치권, 정부의 노력에 있습니다. 여론이 따라주지 않는다고 포기하거나 여론 자체만을 좇는 것은 분명히 태만이자 무능이라고 생각합니다. 말 그대로 중우정치가 되는 것이죠. 지도자나 정부가 하고자 하는 정책 방향 등에 국민의 반대가 크다면, 즉 국민적 합의가 아직 안 이루어졌다면 설득을 위해 최선을 다해야 하는 것은 민주국가에서의 지도자 또는 사회지도층의 무거운 책무입니다.

즉 여론조사는 지도자가 사회적 합의가 이뤄졌는지 확인하고, 또 동시에 자신의 설득을 통해 얼마나 사회적 합의가 더 넓어졌는지를 확인하는 도구입니다. 자신의 의견을 적극적으로 밝히고 정보의 교환이 활발한 우리나라 정도의 민주국가에서 여론조사 없이 지도자나 정부가 국정운영을 한다는 것은 어려운 일입니다. 말 그대로 지도 없이 길을 찾는 셈입니다.

'우매한 대중'이라는 말도 그래서 확실히 잘못된 말입니다. 올바른 방향으로 대중을 안내할 책임은 지도자와 정치인, 공직자나 지식인 그리고 언론에 있습니다. 만일 정말 올바른 방향인데도 불구하고 그쪽으로 여론을 바꾸지 못해 어떤 정책을 포기했다면 국민이 틀린 것이 아니라 지도자가 무능한 것입니다. 개인적으로 올바른 여론정치를 하는 데 있어 대중이 문제 된 적이 없다는 생각입니다. 언제나 지도자의 무능과 오판, 엘리트 계층들의 고집과 탐욕이 문제라면 문제였지요.

## 옳아야 하는 것은 지도자이지 대중이 아니다

반대로 지도자가 판단해서 아무리 봐도 '너무나 옳은 일'이므로 국민의 동의를 얻지도 않은 채 정책을 무리하게 강행했다면 그것은 독단이고 독재입니다. '역사와 후손을 위한' 지도자의 고독한 결단은 바람직하지 않습니다. 민주국가에서 선출된 지도자는 대중보다 한 발짝 정도만 앞서가야지, 혼자 먼 미래를 내다본다면서 대중의 생각과 동떨어진 결정을 하는 것은 잘못일 뿐더러 자칫 대가마저 치르게 마련입니다. 더 중요한 것은 국민의 뜻에 반해 자기 혼자 옳은 일을 할 수 있을 것 같지만 대개 복잡한 민주주의 시스템에 가로막혀 되지도 않을 뿐더러 민심을 악화시켜 정권만 넘겨주고 자칫 퇴행까지 만들게 됩니다.

그런 점에서 다시 한번 강조하지만, 지도자의 사명의 첫 번째는 국민의 뜻을 모으는 것이라 생각합니다. 오케스트라를 지휘하는 지휘자의 역할에 비유할 수도 있습니다. 또 국민의 종복답게 많은 사람이 알아듣도록 최선을 다해 설명하고, 충분히 이해시킨 후 허락을 얻어내야 합니다. 사실 현대 민주주의 사회에서 지도자가 모든 것을 짊어진다는 생각 자체가 별로 긍정적인 것 같지도 않습니다. 궁극적으로 최종결정은 결국 국민, 또는 대중이 하는 것이고 책임도 스스로 지는 것입니다. 개인적으로 대중이 항상 옳은 결정을 한다는 '집단지성론'에도 크게 동의하지는 않습니다.

오랫동안 여론조사 결과에 대해, 또는 여론과 민심에 대해 문제를 제기하거나 불평하는 분들에게 입 밖에는 내지 않고 마음속으로 하는 질문이 있습니다. "대중이 옳아야 하는가?", "당신은 대중보다 옳은가?", "당신도 역시 대중 아닌가?"

제가 생각하기에는 대중은 스스로 주인이기 때문에 옳아야 할 의무가 없고, 지도자가 항상 대중보다 옳았던 것도 아니며, 민주주의에서는 지도자 역시 국민의 한 사람일 뿐이라 자신과 대중이 다르다는 생각 자체가 잘못된 것입니다. 즉 민심이 천심이라는 말은 지도자의 위치에 있는 사람이 들어야 하는 말임은 당연합니다. 즉 "애먼 국민 탓하지 말고 너만 잘하면 된다"는 성인의 엄중한 경고입니다. 대중에게 옳아야 할 의무는 없습니다. 정해진 기간 동안에 권한을 위임받고 책임도 기꺼이 지겠다고 말한 '그들'에게만 있는 것이죠.